森 元斎
Mori Motonao

具体性の哲学

ホワイトヘッドの知恵・生命・社会への思考

The philosophy of concreteness

以文社

はじめに

哲学は常に驚きとともにはじまる。ホワイトヘッドは常に具体的なものに拘泥していた。具体的なものは常に驚きとともに捉えられる。本書の目的は、ホワイトヘッドの形而上学がいかに展開されたのかを明らかにしていくことにある。とりわけ彼が形而上学を展開するうえで鍵概念となるのが、彼の「具体性」である。この具体性は彼による数学的な空間論にかかわる研究のなかに萌芽を見いだすことができ、後に物理学が展開されるさいにも、原理的な水準にこれが据えられる。物理学が展開された時期にホワイトヘッドは自らの哲学を「自然哲学」と名乗りながら形而上学的な議論を開陳し始めた。このときその自然を構成するものの中心に「出来事」が据えられた。そしてこの出来事が具体性だ。自然哲学と自らの哲学を名乗っていた時期に加え、その後に彼独自の形而上学的宇宙論――『過程と実在』の副題が「コスモロジー試論」――を打ち立てたさいにも、やはり具体性が基軸に据えられている。このときにホワイトヘッドは出来事とは名乗らずに、「現実的契機」ないし「現実的存在」として具体性を語るようになる。これらの概念こそが彼の宇宙論を成り立たしめる原理的な構成単位である。

本書ではこの『過程と実在』に至る前の段階からの、この具体性の萌芽と、そしてその展開を追うことで、ホワイトヘッド哲学における具体性の形而上学を明らかにしていく。とりわけ、ホワイトヘッド形而上学が展開された一つの到達点を、以下に設定する。つまり、現実的存在ないし現実的契機と「永遠的対象」との交感による「抱握」の議論が語られている点、そしてこれらとともに語られる「生成」と「消滅」が彼の哲学のなかで十全に語られるようになった点である。これらの点は『科学と近代世界』と『過程と実在』において極まる。こうした到達点に至るまで、ホワイトヘッド哲学における具体的なものを本書では明らかにしていくことになるだろう。そしてそのうえで、知恵と生命、そして社会が語られることになる。ホワイトヘッド哲学から私たちは飛翔する。そのときなお、やはり具体的なものと驚きがともに語られることになるだろう。

ホワイトヘッドは一八六一年に生まれ一九四七年に逝去した。一九世紀のイギリスを知り、ヨーロッパの伝統的な知的背景を背負って、二〇世紀のアメリカに渡り、その一生を終えた。この間二度の大戦を経験した。危機の時代の思想家でもある。多くの思想家を触発しそして今もなおその組み尽くせぬ思想の射程を有する。ラッセルと共同で論理学の大著をものしたかと思えば、アインシュタインの相対性理論に噛み付く。形而上学を展開すれば、たちまちドゥルーズを初めとした戦後の思想家に多くの影響を与えた。

本書では、彼の実人生の時間軸に沿いながら議論を展開した。第一部ではホワイトヘッドの弟子であり、共同研究者であったバートランド・ラッセルの議論をとりあげる。次いでホワイトヘッドが彼の中期哲学を展開するうえできわめて大きな影響を与えられた、アルバート・アインシュタイン。加えてホワイトヘッドと同様にアインシュタインから思考を触発され『持続と同時性』という書物をものしたアンリ・ベルクソン。さらにベルクソンとホワイトヘッドから刺激を受けて哲学を展開したジル・ドゥルーズ。最後にドゥルーズとホワイトヘッドに触発されて議論を展開しているシャヴィロとハーマン。彼らの思想と対比させることで、ホワイトヘッドの思想を初期の数理哲学から中期の自然哲学ないし物理学の哲学、そして後期の形而上学へと到る展開を追う。

第二部では彼が哲学を展開し始めた中期から後期への変遷を追う。中期における欠陥を埋めるべく後期哲学を展開していったのではないかという仮定のもと議論を進めていく。そこでは「主体性」と「抱握」、そして「生成」が肝となる。主体性とは、主観・客観で区別されるものではない。それらひっくるめて主体なのである。また抱握はそうした主体の振る舞い、つまり生成の様である。これらの概念がホワイトヘッドによって語られることで彼の形而上学が作り上げられていく。

第三部では、これまで語られてきたホワイトヘッド形而上学に着目して、その輪郭を枠付けていく。その上で、ホワイトヘッド形而上学の限界を見定めていく。生成を語る上で主体の抱握こそが要である。そのさいホワイトヘッドは自らその限界を述べていく。

第四部では、限界を見定めてもなお、私たちは限界を超えていくべくホワイトヘッドの哲学を拡張していく。冒頭にも述べたように、具体的なものからこそ知恵が創発する。そこに生がある。そしてそこから社会への道筋が照らし出される。具体的な生の営みに立脚するなかで、ホワイトヘッドの哲学はアナキズムと接続されることになるだろう。ホワイトヘッドの哲学は縦横無尽である。事事無碍である。理事無碍である。むろん、決して一筋縄ではいかない。ホワイトヘッドは伝統的な哲学の訓練を受けていた訳ではない。異端であり、そしてそうであるからこそ無尽蔵の魅力が見いだされるのである。ラトゥールやハーマンといった同時代の知識人を思い浮かべてみても良い。常に具体性、そしてそこから語られる知恵・生命・社会が参照軸となる。

現代の私たちはホワイトヘッドを読み続ける。資本主義が、放射性物質が、有機水銀が私たちの生をむしばむとき、具体的な生の営みのなんたるかを想起せざるをえない。金融に蝕まれた国民国家が滅びようとも、私たちは存在する。放射性物質がまき散らされようとも、自然は成長する。有機水銀が垂れ流されようとも、私たちは魚を釣る。緩慢な死にざまを強いてカネを巻き上げられていくことに抵抗していく。生き延びるのではなく、生きる。生きるから抵抗ができる。私たちは自然だ。エネルギーの塊だ。こう言っても良い。私たちは人間発電所である。私たちこそ核発電所である。いつでも爆発してやる。

山に入る。魚を釣る。農作業をする。子どもたちと戯れる。老人から知恵をもらう。仲間たちと本を読む。悪巧みをする。私たちはなるべく具体的な生の営みに忠実でありたい。可滅的であるからこそ不滅を体現するというパラドクスのなかで驚く、抱握する、生きる、知恵を産み出す、それを伝承する。

具体性の哲学　目　次

第Ⅲ部　生成のほうへ

第Ⅳ部　アナキズムのほうへ

装幀：難波園子

具体性の哲学

――ホワイトヘッドの知恵・生命・社会への思考

第Ⅰ部　具体的なもののほうへ

ジャン・ヴァールは『具体的なものへ』という書物を一九三二年に出版している。[*1] そのなかでヴァールは、ホワイトヘッドにおける具体的な出来事（event, événement）をめぐってホワイトヘッド哲学を縦横に語っている。『具体的なものへ』第2版の序文で、ヴァールのホワイトヘッド論をM・ジレルは「具体的なものの探求に概念的な後ろ盾を与える」（VC, p.16）と述べているように、具体的なものである出来事と、それとかかわる諸々の議論がこの『具体的なものへ』では精査されている。『具体的なものへ』の序文でヴァールはヘーゲルの具体性の語り方から自らの論を展開する。ヴァールによればヘーゲルが考察しているところの「特殊なもの、具体的なものとみなされるものは、実のところ最も一般的なもの、最も抽象的なものであり、経験論者や実在論者が最も大きな豊かさを割り当てているものは、最も貧相なものである」（VC, p.29）。私たちが具体的なものであると理解しているものは、ヘーゲルからすれば、抽象的なものの産物である、ということだ。こうしたヘーゲルの考えに対してヴァールは「確かだ」（VC, p.29）と述べつつも、抽象的に現在の状況を言語的に記述することそのものは、この具体的な出来事を取りこぼしてしまうことになるとヴァールは語る。「むしろ、言語活動は、実在的なものを明らかにするどころか、おのれ自身を明らかにした、しかも無力なものであることを明らかにした、という

＊1 『具体的なものへ』におさめられている「ホワイトヘッドの思弁哲学」は一九三一年にフランスの『哲学雑誌』にて初めて公刊されたものである。

べきではないか」(VC, p.29)。ここから、ヴァールは言語活動によって抽象的かつ静的に実在を捉えようとする認識論的な枠組みで具体的なものを捉える哲学よりもしろ、「存在を認識へ還元することが不可能である」(VC, p.33)という見立てをホワイトヘッドやジェイムズ、そしてマルセルに見いだす。言うまでもなく三者に共通し、そして私たちがこれからホワイトヘッドについて記述してくことが、このヴァールの考えから示唆を得ている内容だ。その内容とは、認識では捉えることがない、具体的かつ動的な存在を語ることがヴァールにとって重要であったのであり、とりわけ、ホワイトヘッドがそうした考えを押し進めていった哲学者の一人だった、ということだ。私たちはこれからこうしたヴァールの示唆に導かれながら、ホワイトヘッドの哲学を、動的で具体的な存在が中心に据えられたものとして読解を進めていく。

しかし残念ながら、ヴァールの論考は時にホワイトヘッドに忠実ではない。それはホワイトヘッドの語る出来事や抱握といったさまざまな術語を、ホワイトヘッドの著作の時系列を無視してヴァールが語っているからだ(これはヴァールの影響を多大に受けたドゥルーズのホワイトヘッド論にも言える)。

私たちはここで、ヴァールの具体的なものといったホワイトヘッド哲学に関する着眼点を引き受けたうえでホワイトヘッド哲学を読解する。その一方で、ヴァールとは異なり、よりホワイトヘッド哲学の生成過程に密着した仕方で具体的なものについての議論を行う。ホワイトヘッド哲学がいかにホワイトヘッド哲学そのものに生成変化していったのかを、通常言われるホワイトヘッド哲学分類、つまり初期・中期・後期といった仕方の分類にのっとり、時系列的に扱いながら、ホワイトヘッドにおける具体的なものを論じていく。ここで述べた初期・中期・後期の分類はホワイトヘッド研究の定石として語られており、本稿もそれに準ずる。[*2] 初期は『普遍代数論』やラッセルとの共著『プリンキピア・マテマティカ』などを公刊したことで知られるように、応用数学や数学基礎論、数学の哲学の時期である。次いで中期は『自然認識の諸原理』『自然という概念』『相対性原理』などで知られるように、一九一九年以降の物理学、それもアインシュタインの相対性理論とのかかわりで考察された自然哲学の時期である（本稿では論じることはないが、一九一六年の「ある科学的理念の分析」という論文も含まれるだろう）。そして最後に、『科学と近代世界』『過程と実在』『観念の冒険』などで知られる、後期の形而上学を展開した時期である。この時系列に沿いながら、本稿ではヴァールの着眼点、つまり具体的なものにかんする論述と、ヴァールのある種の誤読、つまり時系列を完全に無視してしまうこと、を払拭していくことで、ホワイトヘッド哲学が具体的なものの形而上学としていかに明確になっていくのかをここでは議論していくことになる。

＊2　例えば、Victor Lowe, *Alfred North Whitehead, The Man and His Work, Volume1,2,3*, The Johns Hopkins University Press. 1990. 参照されたい。ちなみに初期はホワイトヘッドがケンブリッジ大学で学生、そして教員としてそれぞれ籍をおいていた時期であり、中期はロンドン大学、そして後期はアメリカへ渡りハーバード大学で教員として在籍していた時期である。

それゆえ、まず手始めに、初期ホワイトヘッド哲学における出来事について考察してみよう。とはいえ、実のところホワイトヘッドは出来事についてあまり論じていない。そこでこの出来事という語とそれにかかわる議論を初期ホワイトヘッド哲学から析出していくことを試みていきたい。とりわけ、出来事の相関として諸々の空間を語るようになる「空間論」について本稿では議論をはじめていきたい。

先に述べた「空間論」以前に、私たちは出来事というタームを、一九一〇年に書かれたホワイトヘッドの著作のなかで見いだすことができる。『数学入門』の第1章「数学の本質的抽象性」で、出来事というタームが五カ所ほど出てくる。私たちがホワイトヘッドの全著作をひもとくなかで初めて出来事という語が出てくる箇所である。この五カ所をのぞいて、この術語は数年間しばらく出てこない。次にこの語を見いだすことができるのは、「空間論」と、先にも述べた一九一六年の「ある科学的理念の分析」においてである。ここで手始めに、ホワイトヘッドの出来事がどのように描かれているかみることで、その出来事を浮かび上がらせてみよう。

数学がまったくもって抽象的であるのにもかかわらず、常に思考にとって最も重要な題材の一つであり続けなければならないのはなぜなのか、その根本的な理由を見いだすのに少々想像をめぐらせてみるのも無駄ではない。出来事の秩序の説明がかならず数学的となる傾向をもつのはなぜか、明確にしてみよう。

すべての出来事がどのように相互に関連しあっているのかを考えてみよう。稲妻をみると、雷鳴に聞き耳を立てる。風の音を聞くと、海上に波を待つ。肌寒い秋には落葉する。どこでも秩序が支配していて、状況のいくつかに気づくと、私たちは他の状況もまたやってくるだろうと前もって知ることができる。科学の進歩は、これらの相互関連を観察し、この常に移ろいやすい出来事が法則と呼ばれるごく少数の一般的な結びつきや関係の例にすぎないということを、辛抱強く精緻に示すことにある。特殊なもののうちに一般的なものを、変わりゆくもののうちに永続的なものをみることが、科学的思考の目的である (IM, p.3-4)。

ここでホワイトヘッドは数学を「抽象的なもの」として捉えている。それに対して「具体的なもの」とはここで明言せずとも、それとして出来事を捉えていると考えることはできる。現実に経験することができる具体的な出来事（稲妻を見て、雷鳴に聞き耳を立てる……）に特殊なもの、そして変わりゆくものを含意させてホワイトヘッドは論じている。それに対して科学やそれを担保するであろう数学に、一般的なもの、そして永続的なものを位置させて彼は語っている。出来事にかんして残り三ヵ所が出てくる文言をみてみる。

それゆえ、次のことは容易に理解できる。つまり、私たちはどんな特定の感覚にも依存することなく、そしてどの特定の人間の感覚すべてにさえ依存することもなく、これら外的な事物のあいだの結びつきを述べたい、ということだ。外的な事物の世界における一連の出来事がみたす法則は、可能ならば、中立的で普遍的な方法で、視力を失った人にも聴力を失った人にも同様に、しかも人知を超える能力の備わった存在にも通常の人間に対するのと同様に、記述されなければならない。

しかし私たちの直接的な感覚を度外視すると、残るもののうちで最も役に立つ部分は――それが明瞭であって、確定されていて、しかも普遍的であるという点から――事物の抽象的で形式的な性質についての私たちの一般的理念から成り立つ。実のところ、「それは」上述した抽象的な数学的理念から成り立つ。この結果、人類は、段階的にその過程の意味を完全には理解していないものの、宇宙の性質の数学的記述を求めるように導かれたのであり、それというのも、このようにしてはじめて、特定の人間や特定のタイプの感覚に言及することなしに、出来事の経過という一般的な理念が形成されうるからなのだ。例えば、夕食時に次のようにたずねることがあるかもしれない。「私の視覚、あなたの触覚、彼の味覚と嗅覚の基礎となっているものは何だろうか」。その答えは「リンゴ」である。しかしそれを突き詰めて分析すると、科学はリンゴを分子の位置と運動によって記述しようとする。この記述は私もあなたも彼も無視しているし、視覚も触覚も味覚も嗅覚も無視している。こうして数学的な理念は、抽象的だからこそ、出来事の経過を科学的に記述するのに必要なものを与えてくれる（［］内は筆者IT, p.5）。

誰にでも理解できる仕方で目の前にある事物同士の結びつきやその記述の仕方というものはあるのだろうか。ホワイトヘッドはあると答える。それは数学によって可能になるのだとホワイトヘッドは考えている。私たちが直接的に経験し理解することができることをのぞけば、抽象的で一般的な数学によって事物同士の結びつきやその記述が可能になる。ただ、数学は私やあなた、そして彼について数学なりの分析をするだけである。私とは誰であるか。森である。その森とは何か。身長が一七八センチで体重が六〇キロ、胃酸過多で過敏性腸症候群……科学的（ここでは医学的な？）見地だけで私のことはむろんわからない。だから、わからないがしかしより多様な現実の有様を、出来事の地位でホワイトヘッドは捉えていこうとする。その一方で明晰判明に理解できるさまは数学をはじめとした科学で捉えることができるとする。このようにホワイトヘッドは私たちが直接経験することができる領域を出来事として措定し、それを具体的なものとする。これに対して、その出来事を科学的に分析することができる領域を抽象的なものとみなしたのだ。

ホワイトヘッドは出来事をこのように捉えたうえで、次に扱う「空間論」で二カ所だけ出来事という語を出す。その「空間論」のなかで「現象的空間（espace apparent）」と呼ばれるものは原初的に私たちが経験することができる領域のことを指しており、それよりも抽象的で物理的な世界に出来事という語が措定されて語られる。後述するように、現象的空間という語は姿を消し、中期になると現象的空間として考察されていたものが出来事に含まれて議論されるようになる。いずれにせよ、私たちが経験することができる多様な現実の有様が出来事として語られており、その属性としてさまざまな「対象（objet）」が見いだされるようになる。むろん、この出来事と対象との区別は中期になってからより詳細に議論されるようになるのであり、この「空間論」では、この該当箇所で何の断りもなく触れられるだけである。ホワイトヘッドの「空間論」における出来事の初出個所をみてみる。

この物理的世界の対象を「物理的対象」と呼ぶことにしよう。通常の物理学によれば、知覚は物理的対象間の関係の変化の帰結として一定の時間が経つと生起する。例えば、視感覚は一群のエネルギー振動が眼に与える衝撃から帰結し、音は一群の空気振動が鼓膜に与える衝撃から帰結するのであり、その他の感覚についても同様である。それゆえ、現象的世界内の現象的対象は物理的世界の出来事と直接的な相関関係にある一方で、物理的世界内の対象とただちに関係を持つことはない。この事態から言えるのは、流動的で分解しやすい現象的対象は思考によって、より恒常的な物理的対象に置き換えられているのだ、ということだ。物理的世界の分析におけるあらゆる進行は、不安定な対象を恒常的な対象に置き換えることにある。例えば、現象的な物体は物理的な分子に置き換えられ、分子は原子に、原子は核子に置き換えられる。そして、こうした置換が行われるごとに、比較的複雑な物体がもつ属性は、より単純で、相互に作用し合う構成部分の一団に生起する属性として理解されるのである（TRE, p.425）。

ここでホワイトヘッドは出来事を物理的世界において生じるものとして語っている。現象的空間（ないし世界）、物理的空間（ないし世界）、そして後に「抽象空間」という順番で次第に抽象度が増し、その抽象度が増すごとに、科学的な領域で扱われやすくなる。ホワイトヘッドはこうした出来事と対象の概念を用いて、私たちが具体的に経験するこの空間（ないし世界）をさらに細かく分析する。現象的世界における対象は物理的世界における出来事と相関関係にあり、現象的世界の対象は物理的世界における対象とは直接の関係はないとしている。つまり、同じ物理的世界において、出来事がより具体的な相に属し、その一方で対象がより抽象的な相に属していると考えることができる。流動的な出来事から少しずつ抽象化してその出来事を対象へと置き換えていくことで、恒常的な対象へと向かい、しまいには科学的に分析可能な領域にまで到達するのである。このようにして、具体的な出来事と抽象的な対象とのかかわりが初めて論じられるようになるのであるが、このように読解するためには、実のところ、中期のホワイトヘッド哲学をひもとかなければ、理解しにくくもある。なんの説明もなく先に引用したように出来事と対象が語られるからだ。しかしながら、一九一〇年の『数学入門』の出来事にかんする若干の議論から上述したように出来事という具体性と対象という抽象性とのかかわりを読解することもできよう。とはいえ、やはりこうした読解方法に至るためには一九一九年以降の中期ホワイトヘッド哲学を私たちは待たなければならない。

さて、こうした中期のホワイトヘッド哲学を検討する前に、1章では、この中期の思考の萌芽を「空間論」から精査してみよう。というのも、この初期の「空間論」をひもとくことで、中期哲学への進展がより鮮明に現れるからだ。そして2章では、ホワイトヘッドの中期哲学を扱う。この章ではアインシュタインの物理学の態度とホワイトヘッドのそれと哲学の位置を明らかにする。このことで、具体的なものにホワイトヘッドの哲学が、そして抽象的なものに彼の数学的見地が据えられることが見てとれるだろう。続いて3章では、1章と2章で明らかになったホワイトヘッドの具体性の立場を後期の哲学とかかわらせながら、つまり形而上学的なホワイトヘッド哲学に軸を移しながら、ベルクソンの形而上学的な具体性の思考と比較していこう。4章ではより形而上学的なホワイトヘッドの議論をドゥルーズのホワイトヘッド論（とライプニッツ論）から析出し、具体性の内実を語っていこう。最後に5章では、同時代の思想潮流のなかのホワイトヘッド哲学の地位を確認していこう。このように第I部では、それぞれの思想家と比較していくことで、ホワイトヘッドの具体性の形而上学を浮かび上がらせることが目的となる。

1章　ホワイトヘッドとラッセルにおける空間論の交差と乖離

ホワイトヘッドは教師として尋常ではないほど完璧であった。彼は付き合う人間には関心を寄せていたし、長所も短所も知悉していた。弟子のなしうる最高のものを弟子から引き出す。抑圧的でもないし、皮肉屋でもない。高慢に振舞うこともないし、ダメな教師がもつような性質などは何一つなかった。彼は知己を得た有能な青年たちには、私にしてくれたように、永遠に続く真の愛情を注ぎ込んだことだろう。

——バートランド・ラッセル[*3]

0　はじめに

ホワイトヘッドは一九一九年以降に時間と空間をそれぞれ扱った。そのとき彼は、相対性理論のインパクトを受けながら、自然哲学と自らの哲学を名付けた。そこでは、自然の有様を哲学的な観点と物理学的な観点との双方に渡って検討がなされた。私たちの具体的な経験から理解され

＊3　PMO, p.97.

る自然の出来事と、物理的・感覚的に理解されることが区別され、出来事から対象を導出する「延長的抽象化の方法（method of extensive abstraction）」が論じられている。[4] そのときホワイトヘッドは出来事に、移行する自然を構成する根本的要素という定義を与え、その一方で時間や空間や感覚といった対象には不変的な要素という定義を与えている。そしてこれらの対象が出来事に「進入（ingression）」する様を描く。ホワイトヘッドはこうした議論を展開するなかで「自然の二元分裂（bifurcation of nature）」を批判しながらこう述べている。

> 私が反論しているこの理論へのもう一つの方法は、自然を二つに分割すること、つまり覚知（awareness）のなかで理解される自然と、覚知の原因である自然とに分割することである。覚知のなかで理解される事実である自然には、そのなかに木々の緑、小鳥たちの囀り、太陽の暖かさ、椅子の堅さ、ビロードの感触がある。覚知の原因である自然は、現象的自然の覚知を生み出す心を触発する、分子や電子と結びついた体系である（CN, p.31）。

ホワイトヘッドの考える自然とは感覚的に理解される自然と、物理的なそれとに分割されたものではなく、これら双方の「すべてを包摂するような関係」（CN, p.32）であり、「ただ一つの自然しか存在しない」（CN, p.40）。このただ一つの自然を構成するのが「具体的な出来事」である（CN, p.167, p.171etc）。出来事こそが自然をつくる。出来事こそが私たちの経験する自然だ。本章ではこうした自然哲学期のホワイトヘッドの思考の萌芽を、ラッセルとの共同作業の終焉から析出する。その析出過程をみることで、いかにホワイトヘッドの自然哲学が展開されるに至ったのかを明らかにする。1節では何故ホワイトヘッドとラッセルが袂を分かったのかを彼らの手紙のやり取りから考える。ここでホワイトヘッドの「空間論」をめぐって彼らは決別したのではないかということが考えられるだろう。2節ではホワイトヘッドの空間論の内容をまとめ、検討する。とりわけ私たちによって知覚的に経験される空間からいかに物理的な空間が導出されるのかを検討する。そして3節では何故ラッセルがホワイトヘッドの議論によって「独断のまどろみから目

＊4　例えば、PNK, p.101-146 CN, p.74-98を、またこの延長的抽象化の方法についてのより理解しやすい解説については、R. M. Palter, *Whitehead's Philosophy of Science*, The Chicago University Press, 1960や、Guillaume Durand, *Des événements aux objets, La méthod de l'abstraction extensive chez A. N. Whitehead*, Ontos/Verlag, 2006. を参照されたい。延長的抽象化は出来事から時間や空間、点や線といった諸々の対象を導出する方法である。まずは出来事の時空的な延長関係から始まり、それによって抽象的集合、持続などを導出していく。さらにそこから時間面（level）や時間軸（rect）、時間点（punct）をそれぞれ導出し、それらをすべて合わせた抽象的なミンコフスキー的な時空図をも考察している。また延長的抽象化の方法は近年メレオロジーやメレオトポロジーとの関連が指摘されている。とりわけ部分全体理論が提唱されていた空間論、そしてそれを引き受けたうえで展開されたこの「方法」、加えて『過程と実在』第四部では、「延長的結合（extensive connection）」と名付けられて、先の「方法」に若干の修正が施されており、これらはメレオロジーで再び表現されている（Peter Simons, "Whitehead and Mereology", *Les principes de la connaissance naturelle d'Alfred North Whitehead*, Ontos/Verlag, 2007, p.215-229.）。

覚めさせられた」(MPD, p.103) のかをラッセルの問題背景をみることで浮かび上がらせ、ホワイトヘッドの議論を引き受けた上でのラッセルの手法を析出する。4節では彼らの相違から、1節で取り上げた手紙のやり取りの内容を明らかにし、ホワイトヘッドが自然哲学を展開していく過程を明らかにする。

1 手紙を巡って

何故ホワイトヘッドとラッセルは共同作業を終えたのか。彼らの共著である『プリンキピア・マテマティカ』(以下『プリンキピア』) は当初四巻の書物としてまとめられる予定であったが、周知の通り三巻までしか刊行されていない。四巻目をまとめあげるその途上だった一九一七年を境に彼らは袂を分かったとされている。一九一七年以降の彼らの哲学の軌跡を一瞥すれば理解できるように、ホワイトヘッドは自然哲学を提唱し、後に有機体の哲学と自ら名乗る形而上学を展開していく。一方で、ラッセルもまた中性的一元論などの実り豊かな哲学をそれぞれ展開していった。田中はラッセルとホワイトヘッドの差異について、両者共に数学への態度は共有していたものの、ラッセルは数学を論理学へ、一方ホワイトヘッドは数学を代数へそれぞれ還元しようとしていたと述べ、こうした差異から、ホワイトヘッドは代数から応用数学へ、そして物理学へと思考の歩みを進めていったのだと指摘している。*5 私たちはこうした指摘を大枠として踏まえながらも、より詳細に彼らが一九一七年に何故袂を分かつに到ったのだろうかを検討していくことにしよう。まずは、ホワイトヘッドがラッセルに宛てた手紙から伺うことができる。

親愛なるバーティーへ

大変残念ですが、私の考えの要点があなたにはよく理解されていないように思われます。目下のところ、私の名においてであれ、他の誰かの名においてであれ、私の考えが広がることを望みません。つまり、今のところ論文を発表することを望んでいないのです。なぜなら、不完全が故に誤解のもとになるでしょうし、いざ私が発表したいときに、ようやく辿り着いた発表ですらも、伝わらず誤解を招いてしまうのは避けられないでしょう。

私の考えや方法は、あなたのものとは異なった方向へと成長しているのです。その孵化期間は長いのです。その結果、最後の段階において、理解しやすいかたちに到達するのです。

〔…〕

あなたが、私のこのノートの助けがなくては仕事に取りかかることができないと思われることは、誠に残念です (A, p.306)。

＊5　Yutaka Tanaka, 'Dialogue for Part Ⅲ', *Physics and Whitehead Quantum, Process, and Experience*, edited by Timothy E. Eastman and Hank Keeton, State University of New York Press, 2003, p.190.

この手紙は一九一七年一月八日にホワイトヘッドがラッセルへと送った手紙である。この手紙に対してラッセル自ら次のように述べている。

第一次世界大戦がはじまる前に、ホワイトヘッドは外的世界にかんする私たちの認識についてのノートを記していたのであるが、私はそれを利用して、このテーマで本を書いた。もちろんホワイトヘッドが私に与えてくれた思想については謝辞をつけたのではあるが。この手紙は、ホワイトヘッドがこのことに頭を悩ませたことを示している。実際、このために私たちの共同作業は終わりを告げたのだ (A, p.306)。

第一次世界大戦は一九一四年にはじまる。『プリンキピア』の刊行が一九一〇年から一九一三年であり、この「外的世界にかんする私たちの認識」(以下「外的世界」ないし『外的世界』)について、ラッセルは同名の書物を一九一四年に著していることから、一九一〇年から一九一四年のあいだに書かれたホワイトヘッドのノートをラッセルが借用したことになる。そこで当のホワイトヘッドが「外的世界」論に近いかたちで何かしらの文章を発表していたかが焦点となる。『プリンキピア』を除いて知られている限り、一九一〇年から一九一四年までにホワイトヘッドが単独で書いた文章は、一九一一年に刊行された『数学入門』と『大英百科事典』「数学」の項目、一九一二年に刊行された「基礎教育に関連する数学の諸原理」「自由教育における数学の位置」

という数学教育にかんする文章、一九一三年の「数学会ロンドン支部への議長報告」、一九一四年の国際学会での「空間の関係主義理論」（「空間論」）と題された発表原稿が挙げられる。なお、『プリンキピア』の第四巻は「幾何学」について書かれる予定であったことから、すぐ後に確認するように、この「空間論」は、『プリンキピア』に何かしらの形で反映させる予定だったと思われる。

デュランによれば、この「空間論」のノートは一九一四年の一月にラッセルに渡され、おそらくラッセルからの意見を取り入れた上で、この年にパリで開かれた数学の国際学会で発表されたのではないかと考察されている。マックマスター大学のアーカイブからデュランが見つけ出したこの時期のラッセルへの手紙にはこう書かれている。

　あなたの批判を受け入れて、四巻にこの空間論を差し挟むつもりです。あなたの批判を待って、パリでの学会のために事務局長レオンにこの論考を送ります。[*6]

言うまでもなく、この「四巻」とは『プリンキピア』幻の四巻目であり、このノートこそラッセルに送ったものだと解釈するのが妥当だろう。またこの草稿を手にしたラッセルは「ホワイト

＊6　Guillaume Durand, "Whitehead et Russell: la discorde de 1917", *NOESIS*, 13, Vrin, 2008, p.238.

ヘッドによって独断のまどろみから目覚めさせられた」と述べた上で、「一九一四年のローウェル講義でこれ［ホワイトヘッドの「空間論」］を紹介し、ホワイトヘッドのこの新たな発見を使って『外的世界』を著した」（［ ］内は筆者 MPD, p.103）と書いている。そしてこの「空間論」は一九一四年四月にフランス語で発表され、一九一六年の五月にはフランスの哲学雑誌『形而上学・道徳雑誌』に掲載されている。ラッセルも『外的世界』の序文で次のように述べている。

私がここで素描しようとしている方法の中心的問題とは、生の感覚与件と、数理物理学の空間・時間・物質とのあいだの関係にかかわるものである。この問題の重要性に気づかされたのは、友人で協力者のホワイトヘッド博士によってである。［…］特に、点の定義、瞬時と「事物」の取り扱いに関する示唆、そして、推論というよりはむしろ構成としての物理学の世界についての包括的な着想は、ホワイトヘッド博士に負うものである。ここで述べられているこれらの論題については、事実、博士が私との共著『プリンキピア』第四巻で与えるもっと正確な成果についての大枠の準備的説明なのである（OKEWa, p.v - vi)。

空間・時間・物質にかんする概念として点・瞬時・事物をどのように構成するかという問題に対し、ラッセルはホワイトヘッドから影響を受けこの書物を書いたとみてよいだろう。そしてその構成が『プリンキピア』四巻に何らかのかたちで組み込まれる予定だったことは、このラッセルの文言からも理解することができる。

ホワイトヘッドの「空間論」のノートと発表原稿、そして『形而上学・道徳雑誌』のあいだの異同を確かめる術を私たちは持ち合わせていない。ノートと発表原稿は現在のところ発見されていないからだ。それゆえ、『形而上学・道徳雑誌』に掲載されたものを題材に本論では検討をおこなっていく。まずはこのホワイトヘッドの「空間論」を一瞥した上で、次いでラッセルが「空間論」の問題系をどのように引き受けて展開し、最後に彼らの相違をみることにしよう。

2　ホワイトヘッドの空間論

先にも述べたように、ホワイトヘッドはまず「空間論」のなかで「現象的空間（espace apparent）」と「物理的空間（espace physique）」という用語を導入する（TRE, p.423ff）。現象的空間にも「直接的現象的空間（espace apparent immédiate）」と「完全な現象的空間（espace apparent complet）」という分類があり、そして物理的空間にも「抽象的空間（espace abstrait）」という別の側面が認められる。

これらの用語の定義を確認しておく。現象的空間とは、私たちに対して対象が現れることができる場所のことであり、その空間のなかで緑の木々や音や匂いが知覚される。そのなかでも直接的現象的空間は、知覚する者に直接現れる空間であり、私たちが経験することができる空間である。一方完全な現象的空間とは、一人の知覚主体には限られないのだが、しかし私たちが幾何学的な手法を用いずに理解することができる空間のことである。この空間は「通常、人びとが会話の中で日常語っている、知覚世界の空間である」(TRE, p.424)。いずれの空間にせよ、抽象的な数学的空間ではなく、私たちが具体的に経験することができる空間である。ここから理解できるように、前者は「ある空間」であり、後者は「任意の空間」である。ここで後者の完全な現象的空間は、物理的空間を前提しているとホワイトヘッドはいう。

物理的空間とは仮説的世界の空間のことである。いかなる知覚主体にとっても同一の空間であり、数学のような抽象的空間を前提している。では抽象的空間とは何か。点や線や面によって構成されている空間と述べられているからには、言うまでもなく数学的な空間である。ここではホワイトヘッドの議論に沿って、私たちが具体的に知ることができる空間から抽象的に知ることができる抽象的空間の点への導出についてみてみよう。

私たちが直接知ることができる空間的把握が理念的な水準で理解されるためには、直接的現象的空間から完全な現象的空間について議論がなされるべきであるが、その完全な現象的空間は物理的空間を前提していると定義されているからには、物理的空間から抽象的な点を導き出さなければならない。それゆえ、物理的空間と抽象的幾何学とのかかわりがここで検討されるべき主題となる。

そこでホワイトヘッドに即して「三つの根本的公理」から精査をはじめてみよう(TRE, p.427ff)。

(1)一つの対象が、同時に二つの場所を完全に占有すること、つまり二つの場所それぞれの全体を占有することはありえない。
(2)二つの対象が、同時に一つの場所に存在することはありえない。
(3)離れている二つの対象は、相互に作用を及ぼし合うことはできない。

ここで、ホワイトヘッドは物理的側面から議論を展開していることに注意されたい。数学的には例えば一つのものは分割可能であり、二点間の距離は無限に小さくなるかもしれない。それゆえ互いに作用を及ぼすことが可能である。しかし「理念的、つまり幾何学的には分割可能だが、物理的作用が問題となる限りでは分割不可能である」(TRE, p.428)。

ではいかにホワイトヘッドは、ここから点を導出していくのであろうか。ホワイトヘッドにとって抽象的空間とは、点から線が構成され、それらの複合として面が構成されるような幾何学ではない。そうではなくて、点が物理的な事物から構成され、私たちによって知覚された空間と点とがかかわる幾何学なのだ。「この考えの根本的な順序とは、まず関係し合う事物の世界が存在し、次いで空間が存在し、それゆえ根本的存在がこれらの関係の仕方で定義され、その属性がこれらの関係の本性から導出される」(TRE, p.430)のである。そこで点を導出する出発点として関係のクラス(σ)を『プリンキピア』で使用した方法から引き出し論じていく[*7](TRE, p.431ff)。物理的空間の対象をクラスとして措定し、その集合から「全体と部分(tout et partie)」の包含

＊7　PM、＊33、＊41、＊44を参照されたい。

関係として考察し、収束する領域を点として論理的に導出していく。そうした「σから導出される包含関係（la relation-inclusion derivée de σ）」が E_σ と措定されるのであるが、そのσを論じていく際に、その関係では(1)反射律を充たすこと、(2)推移律を充たすこと、(3)対称律を充たすことがそれぞれ定義されていく。つまり、*x* がσの対象であるならば、*x* がσに包含されているか、*x* がσを包含するかのいずれかであり、*b* が *a* の部分で、*c* が *b* の部分であれば、*c* は *a* の部分であり、そして *a* が *b* の部分で、しかも *b* が *a* の部分ならば、*a* と *b* は同一であるということである。そこから、「どんな空間的対象であれ、それ自身とは異なる空間的部分を有する」という条件を加え、それを「空間の連続性の基礎」と述べる(TRE, p.439)。つまり、σの対象としてひとたび推論されるや否や、その対象は全体として考察され、その全体のなかには無限の部分が包含されていることになる。

ここからホワイトヘッドは抽象的な空間における点の導出にとりかかる(TRE, p.440ff)。σから点を導出することができる関係を *T* と記し、「*T* 空間の物質的対象（objet matériel de l'espace-*T*）」における「物質的 *T* 点（point-*T* matériel）」と彼は呼び、[*8] 次のように述べる。

私たちが目下のところ精緻化しなければならない一般的な考察とは、ある対象がより小さい部分へと順次分割されていき、部分の大きさがほとんどなくなってしまい、もはや一点しか残らないほどにまで細分化される、という考えである。この考えに従えば、点とは、前述の分割過程で得られる「概念的極限（limite conceptuelle）」としてときに呼ばれるものである。σ対象と関係E_σを用いて点のこうした概念の一般的本性を確立することは容易である (TRE, p.442)。

ここで極限をとるための収束についての議論がなされている。物理的な対象を抽象的な対象として考察するために、抽象的な操作として「概念的極限に収束」(TRE, p.442) させることで、理念的な点を語ることができるようになる。むろん、「σ対象は数ではない」(TRE, p.442)。それゆえ、収束の意味は数学的には明確ではあるものの、物理的な対象が抽象的な対象として導出されるためには、このように、概念的極限への収束を通じて考察されねばならなくなるのである。

この後に、ホワイトヘッドは対象σをT空間としてみなし、$géom_1'T$という抽象的空間を考察する (TRE, p.443)。またこの幾何学空間上で収束するには二つの場合がありうると述べている。まず(1)収束するところがその系列のあらゆる元の内部にある場合、(2)収束するところが、その系列の一つの与えられた元に続くものとなるような、すべての元の共通の境界上にある場合であり、

＊8　ホワイトヘッドはσとTについて用語法上の理解として次のように述べている。「まず「T空間の物質的対象」が物質的T点の集合（クラス）として定義される。「全体と部分」という概念は、「T空間の物質的対象」に適用されるときには、物質的T点の集合にかかわる論理的な意味での「すべてとある」とにすぎない。もしそれぞれのσ対象が物質的T点の集合に一義的に関係付けられるならば、T空間のなかで対象というものをσ対象と理解するか、それとも「T空間の物質的対象」と理解するか、そのいずれかに特定することは多くの場合、重要な事柄ではない」（TRE, p.441）。

その共通の境界とは、知覚されたそれぞれの線のうちの一つである場合である。ここで、点に収束するか、線に収束するかという議論がなされていく。しかしいずれにせよ、物理的な対象にとっては点とはあくまで抽象であり、「この推論の根本にあるのは、幾何学的な点ないし線は知覚で与えられるのではなく、幾何学的系列という「概念」からの結果」(TRE, p.447-448) と規定される。

さて、こうした幾何学 T を想定することで、物質的 T 点を定義するとどうなるだろうか。まずある幾何学が $géom_1{}'T$ と記述される。そこでその $géom_1{}'T$ の二つの元（α と β）について、「x が α のある元で、y が β のある元であるとき、x も y もそれぞれ T 関係を有するような σ 対象が一つあるいは一つ以上存在するならば、α と β は T 連結していると呼ばれる」(TRE, p.450)。こうした T 連結は T_{cn} と記述される[*9] (TRE, p.450ff)。次いで関係 R について「先祖関係（relation ancestral)」と呼ぶフレーゲの定義を『プリンキピア』での方法を使用して、T_{cn} に適用し、$\alpha(T_{cn})_*\beta$ と表示する。この表示は、「α も β も $géom_1{}'T$ の元の連鎖を介して、T 連結し、しかも α も β も $géom_1{}'T$ の元である」ということを意味する。ここから、物質的 T 点を $géom_1{}'T$ から構成される集合としてホワイトヘッドは考察する。このとき、物質的 T 点の集合を $Pt(T)$ で示すならば、

$$Pt(T) = \hat{\pi}\{(\exists\alpha).\alpha \in géom_1{}'T.\pi = \overrightarrow{(T_{cn})_*}{}'\alpha\}\ Df.$$

となる。あるαが存在し、そのαが*géom*$_1$'Tに属し、そのαが連鎖を通じてπ収束していくと、T空間における点となる。このようにして、物質的点を幾何学的な側面から定義していく。それはあくまで理念的な側面からの概念的収束による点の導出であり、現象的空間と、物理的空間との「この並行性（parallélisme）に含まれる本質的な論理的手続きと、人類をこの並行性へと導く根本的な理念といった確固たる分析には、本稿では立ち入らない」（TRE, p.424）とこの論文の冒頭で述べられている。

上述してきたように、現象的空間を根本に据えた上で抽象的空間へと考察対象を移動しながら理念的な点を導出することに、ホワイトヘッドのこの空間論の問題系があることが理解できよう。

3　ラッセルの感覚与件論

こうしたホワイトヘッドの問題系をラッセルは引き受けるなかで、ラッセルは「独断のまどろみから目覚めさせられた」（MPD, p.103）。そこで一九一四年に『外的世界』が書かれた。1節でも引用したように、「ここ［『外的世界』］で素描しようとしている方法の中心的問題とは、生の感覚与件と、数理物理学の空間・時間・物質とのあいだの関係にかかわるもの」（OKEWa, p. v -

＊9　PM, ＊32, ＊131を参照されたい。

vi）であった。だとするとラッセルにとって感覚与件と物理的な空間・時間・物質との関係はどのように考えられていたのだろうか。『外的世界』第四章「物理学の世界と感覚の世界」では、「感覚与件からの論理的構成として物質を表す正当化」の論理が探られており、なによりもまず「物理学の世界と感覚の世界のあいだにある深い溝に橋渡しをする何らかの方法を見いだす必要がある」（OKEWa, p.101）と述べられている。

よく知られているように、一九世紀初頭から数学の分野では大きな転換がはかられていた。[*10] 幾何学と知覚との関係についてのカントによる伝統的な見解が、このとき問題含みであることが明らかになった。つまり、ロバチェフスキーやリーマンによる非ユークリッド幾何学の発見により、カントが述べる幾何学の公理がアプリオリな総合判断ではない可能性が浮上したのである。カントは、ユークリッド幾何学の公理こそアプリオリな総合判断であると考えていたし、また純粋な空間的直観にかんする本質的特徴を表現する公理は感覚表象の全領域で条件づけられていると考えていた。しかしながら非ユークリッド幾何学がユークリッド幾何学と同様に一貫したものであることが証明されたときに、ユークリッドの公理こそが真の幾何学であるという事実が覆されてしまったのだ。こうした一九世紀以降の幾何学の歴史のなかで、数学的直観にかんしては、新カント学派が知覚と幾何学との繋がりを考えるようになっていた。ポアンカレのような数学者もまた『科学と仮説』のなかで、こうした歴史を背景にして「表象された空間（espace représentative）」と「幾何学空間（espace géométrique）」との明確な区別を論じ、これら空間同士のかかわりを論じている。[*11] 前者は私たちが幾何学を介さずに感覚的に認識している空間であり、後者は公理によって明確にされている幾何学の空間である。いずれにせよ、感覚的に理解することができる世界と、幾何学的な空間やそれによって作られている物理学の世界との繋がりやかかわりが問題とされているさなかに、ラッセルはホワイトヘッドの「空間論」を「新たな発見」として見いだしたのである。まずラッセルが「感覚与件」というタームを導入したところから検討をはじめてみよう。

感覚によって直接的に知られているもの——色、音、匂い、堅さ、手触りなど——に、「感覚与件」という名を与えよう。そしてこれらを直接意識している経験を「感覚」と名付けよう。それゆえ、ある色をみているときにはいつでも、その色についての感覚を有しているが、色そのものは感覚ではなく感覚与件である（PP, p.4）。

感覚与件とは、色や音、匂いや固さ、手触りを意識する経験ではなく、私たちの経験によって直接知ることができる対象そのもののことであると述べられている。「机は感覚与件であるとは

＊10　例えば、I. Grattan-Guinness, *The Search for Mathematical Roots 1870-1940*, Princeton University Press, 2000, p.72ff. を参照されたい。
＊11　H. Poincaré, *La Science et l'Hypothèse*, Flammarion, 1925, p.68ff.

いえない」（PP, p.4）が、その机が原因となって感覚与件が生じるが故に、物体の性質を感覚与件として感覚することができる。そうであるからその机もまた、それを知ることそのものを感覚与件として扱うことができるのだ。『外的世界』でもこの感覚与件論を用いながら、ラッセルは議論を展開している。*12

『外的世界』4章ではまず、物理学で扱う対象の不変性が取り上げられる。「物理学では、机、椅子、石、山、地球、月、太陽といったきわめて不変的で堅い物体が存在するという常識的な信念から出発した」と述べた上で、そうした常識的な信念に対して、「大胆な形而上学的理論構成物」（OKEWa, p.102）であると批判する。ラッセルにとって机などの物体は「まったくもって不変的であるというわけでもなく、まったくもって堅いというわけでもない」（OKEWa, p.102）。こうした議論のなかに感覚与件を挿入して語っていく。ラッセルの考える感覚与件論の観点からすれば、「不変的なものはない」（OKEWa, p.104）。続けてラッセルはこう述べる。

山のように、不変的であると思われるものでさえ、私たちがそれを眺めるときに与件となるだけであって、そうでない瞬間にもその存在が直接与えられているわけではない。全てを含む一つの空間が直接与えられているわけではない。それどころか、それぞれ別の意味にしたがって、空間的と呼ぶべきいくつかの空間が、各人に与えられているに過ぎない。しかし、経験によると、これらの空間から相関関係を利用して、一つの空間を構成することができるし、さらに経験は直感的な理論とともに、私たちの個人的な空間を、他人の知覚される世界に存在していると信じられている空間とかかわらせることを教えてくれる（OKEWa, p.104）。

経験的に知られる感覚与件の観点にたてば、山であれ机であれ、それらは不変的ではなく、その都度知られるものである。そして個々人によって山も机も異なる空間的把握がおこなわれるが、それぞれ異なる空間は、同一に考察することができる空間的認識とかかわらせることで、共通の認識が得られるとラッセルは主張している。例えばラッセルは氷が溶ける例を挙げている。「どうして氷が溶けると、それにとってかわる水は、同じものが別の形をとっていると考えなければならないのか」と述べ、この問いに対してこう答えている。「私たちが事実知っていることは、温度に関するある条件下で、氷と呼ばれる現れが、水と呼ばれる現れにとってかわられるということだけである」（OKEWa, p.105）。つまり氷と水についての温度にかんする条件という「法則を与えて、それにしたがって、一つの現れの次に別の現れが出来するようにする」（OKEWa, p.105）のである。こうした物理的な法則と対応させることで、ラッセルは氷や水といった物理的事物とその現れとのかかわりを述べ、現れを「一つの現れと次の別の現れ」と表現するように、系列的な側面から検討している。

＊12　感覚与件についてのより詳細なラッセル哲学における地位と変遷については、高村夏輝『ラッセルの哲学』勁草書房、二〇一三年を参照されたい。

私たちは、「事物」の定義のなかに、——それが可能であるとして——その事物の観測されない現れの定義を含ませなければならない。つまり、物理的事物とは、その物質が物理学の法則に従うような現れの系列であるという定義を下すことができるということだ。こうした系列が存在するということは経験上の事実であるが、この事実によって物理学が検証されるのである（OKEWa, p.110）。

『外的世界』の序文で述べていたように、感覚与件と物理的な対象とのかかわりについてラッセルは、感覚与件から出発しながら、その感覚与件の原因となる事物と物理的な法則から知られる系列を論じている。後に触れるように、この系列を時間的な継起として語り、その物理的な側面が点として記述されていく。いずれにせよ、この物理的な法則とは物理学であり、数学的な空間のなかで考察可能なものである。ここから時間や点を議論するための過程についてラッセルは述べる。つまり、感覚与件として知られるものと、時間や点が議論される物理学的な空間とのかかわりについて議論を展開していくのだ。そこでラッセルは「経験に直接与えられている空間と、幾何学や物理学の空間が相違する箇所は、点にかんしてである」という特徴を述べ、「点をみたり、触ったりした人は誰もいない」（OKEWa, p.113）と語る。「仮に知覚される空間に点が存在するならば、それは推論の結果」（OKEWa, p.113）であり、この推論こそホワイトヘッドのノートに描かれていたものであるとしている。この経験的な空間と幾何学的な空間との対応関係を点という観点でみることで、双方の空間のかかわりを重要視する。ラッセルは続けて「ここでの素描はホワイトヘッド博士によって編み出された簡潔な操作によって、いかに点が感覚与件からつくられているのかといったことを示すためのもの」(OKEWa, p.114) と記述しており、この推論のゆえに「ホワイトヘッドによって独断のまどろみから目覚めさせられた」と考えられる。

ラッセルはこうしてホワイトヘッドの「空間論」と、自らの感覚与件と物理的空間とのかかわりとを重ね合わせながら、点の構成についてまとめていく。とはいえ、上述してきたように、ホワイトヘッドが現象的空間と物理的空間とのあいだの並行性の区分けを明確におこなっていたのに対し、ラッセルは感覚与件と、物理的な空間とを物理的な法則の観点でかかわらせて論じていた。またラッセルもホワイトヘッドも直接的に知られる経験から出発していたものの、ラッセルはその直接的に知られるものを感覚与件に措定していた一方で、ホワイトヘッドは感覚的なものというよりもむしろ抽象的な空間を導出することができる知覚的な空間を出発点に据えていた。ホワイトヘッドとラッセルにはさらなる差異がある。上述してきたラッセルの議論の続きをみてみよう。

ラッセルは包含関係に必要な仮説を四つ呈示する (OKEWa, p.115ff)。(1)包含関係は推移的であること、(2)二つの異なる空間的対象について、相互に包含し合うことは不可能であり、一方が他方を包含すること、(3)空間的対象のいかなる集合も、少なくとも一つの空間的対象によって包含され、すべての空間的対象は極限や最小元、つまりはすべての対象に包含されているある対象が存在すること、(4)空間的対象は必ず他の対象を包含すること、である。ここまではホワイトヘッドの「空間論」と同様の手順である。しかしこの仮説を呈示した後に、任意の「時点的包含系列(punctual enclosure-series)」を取り上げたうえで、包含の収束の手続きを採用し、点が構成されると説く。

ここからラッセルは時間の問題へと向かうのであるが、すでに任意の系列を取り上げる際に、「時点的」という用語が示唆しているように、ラッセルにとって点とは時間上の点であったと考えられる。上述したように、物理的な法則に対応させることで、事物が継起する系列が考察対象となっているからである。ここで考察対象となっている系列とは、ある事物のある時点と、同じ事物の別の時点との連続性であり、そしてまたこの連続性を構成する時点のことであり、この時点が瞬時と述べられている。なお、時間の問題へと向かうまでのこの箇所は、一九一四年の版のもので記述されているのであり、一九二〇年以降の版では削除されていることを強調したい。一九二〇年以降の版の記述では、ホワイトヘッドの一九一九年の『自然認識の諸原理』や一九二〇年の『自然という概念』の自然哲学期の業績を踏まえたうえで、「ホワイトヘッド博士による抽象的な論理的方法は、心理的空間、物理的空間、時間、さらに時空にも同様に適用できる」(OKEWb, p.120)と加筆されている。いずれにせよ、一九一四年の版であれ、一九二〇年以降の版であれ、ラッセルはホワイトヘッドにおいては概念的に収束された点と考察されていたものを時点と記述しており、時間的な点を導出するための議論としてホワイトヘッドの「空間論」を取り入れたことになる。ラッセルにとってホワイトヘッドの「空間論」的手法は、時間をはじめとして幅広い対象に適応可能なものとして取り入れられていたことが理解できる。

ラッセルはこのうえで時間について議論を進める(OKEWa, p.116ff)。ここからは、一九一四年の版であれ一九二〇年以降の版もともに、時間についての記述に異同はない。ここで、瞬時の導出についてのラッセルの検討をみてみよう。まず「時間的包含の関係から瞬時を導くためには、次のことが必要になる」(OKEWa, p.121)と述べ、先の点の導出と同じように、四つの仮説を導入する。(1)出来事の包含関係は推移的であること、(2)すべての出来事が自らを包含し、ある出来事が、他のある出来事を包含するならば、他のある出来事はある出来事を包含しないこと、(3)出来事の集合が与えられ、そのなかで少なくとも一つの出来事がすべての出来事に包含されるならば、これらの出来事が包含している出来事は全て包含されているし、この集合に属するすべての出来事によって包含されているような出来事が存在すること、(4)少なくとも一つの出来事が存在するということ、の四つである。ホワイトヘッドの包含関係と同様に、ラッセルもまたこの包含関係から点の構成をおこなうのであるが、その点は瞬時という時間の点であることから、ホワイトヘッドが導出していた点とは意味合いが異なっている。またこうした構成そのものについては「論理学や数学、そして物理学についての知識がわずかでもなければ、こうした問題において確実に成功することはできない」(OKEWa, p.123)と述べている。つまり、ラッセルにとって感覚与件から点を構成するということは、物理的法則との対応を前提としながら語ることで、「形而上学的存在を導入するという危険を避ける」(OKEWa, p.126) ことができるようになるということにラッセルの力点が置かれているのだ。

4　なぜ二人は袂を分かったのか

ここまでみてきたように、ラッセルは感覚与件論という仕方で私たちの具体的な経験を記述したのに対し、ホワイトヘッドは感覚について論じるというよりも、むしろはじめから空間を私たちの具体的な経験として措定していた。3節でみたように感覚与件とは感覚によって私たちに直接知られているものであった一方で、2節でみたように現象的空間とは感覚的に知覚されたものが現れることができる空間であった。こうした差異をみることで、ラッセルはホワイトヘッドの「空間論」を自分なりに応用したとも言うことができる一方で、ホワイトヘッドの「空間論」とはそもそも前提が異なるものであるとも言える。

またホワイトヘッドにとって、感覚与件は彼の議論の出発点にはない。一九一九年以降の議論をひもとくと述べられているように、ラッセルの述べる感覚与件に近いものは対象の領域に据えられており、その一方でそうした感覚的対象などを導出することができる根源的で具体的な出来事を識別するものに「感覚覚知 (sense-awareness)」という私たちが直に経験的に捉えることができる位相が措定されるようになる。１節で引用した手紙にある「私の考えや方法は、あなたのものとは異なった方向へと成長して」おり、「その孵化期間は長い」ということの内実の一つにこのことが挙げられる。

加えて、手紙の内実の今ひとつは時間についてである。ラッセルはホワイトヘッドに先んじて、時間にかんする議論を展開していたことになる。ホワイトヘッドにかんしては、一九一九年になるまで、点を時間的なものとしては語っておらず、先の２節で確認したように、あくまで現象的空間からいかに点を導出するかという観点でのみ議論を展開していた。ホワイトヘッドが「空間論」をものし、ラッセルとの関係を解消した後の自然哲学期の書物のなかで延長的抽象化の方法という議論を展開するのであるが、そのときにようやく時間にかんする議論が付け加えられる。とりわけこの時期になると、ホワイトヘッドは相対性理論で扱われる時空概念を考察しており、時間を含んだ議論がなされていることは特筆すべきことである。ローが一九四一年五月にホワイトヘッドから「ミンコフスキーの論文は一九〇八年に刊行されましたが、その論文が私に影響を与えたのはそのおよそ一〇年後なのです[*13]」と聞き取りをおこなっているように、一九一八年頃から時空について、特に時間について勘案されるようになったのは確かである。

最後に、ラッセルは一九二〇年代に展開するように、一九一四年の時点ですでに中性的一元

＊13 Victor Lowe, *Alfred North Whitehead The Man and His Work Volume2:1910-1947*, The John Hopkins University Press, 1990, p.15.

論の立場の萌芽がみられると考えられる。あくまで感覚与件は分析の対象であり、「私は思うに、物理学や常識は、それが検証される限り、現実の感覚与件だけが解釈可能でなければならない」(OKEWa, p.81) と述べられているように、その分析方法は物理学の法則と対応させながら記述していく観点である。一方ホワイトヘッドは現象的空間と物理的空間といった仕方で、これらの空間の並行性を明確に区分けしていた。現象的空間と、物理的空間とのかかわりにかんしての「本質的な論理的手続きと、人類をこの並行性へと導く根本的な理念といった確固たる分析」は、一九一九年以降の移行する自然の要素としての出来事から不変的な対象を導出する延長的抽象化の方法だけでなく、一九二〇年以降になると対象が出来事に進入するという議論が加えられることで、さらに自然哲学が結実していくと考えられる。これらの新たな展開を一九一七年頃にホワイトヘッドはすでに準備しており、彼らの共同作業の終わりを告げる手紙がラッセルに送られたのだ。

2章　ホワイトヘッドと相対性理論

私の一連の議論は、一般に私の言及する箇所をある批判をこめてアインシュタインに結びつけるものであった。しかし、そのことはいずれにせよ彼に対する私の態度を表現するものではない。私の全体的な思考の方向は、アインシュタインとミンコフスキーの時間と空間とを同一化した天才の堂々たる一撃を前提としている。さらに物理的な場の法則に対する一般的表現として、テンソルあるいは不変な関係を求める一般的方法、つまりアインシュタインに由来する方法を前提としている。しかし、私たちが天才にはらうことができる最悪の敬意とは、私たちが負うところの真理の公式を無批判に受け入れることである。

——A・N・ホワイトヘッド[*14]

0　はじめに

1章では、初期のホワイトヘッド哲学を垣間みた。そこで私たちはホワイトヘッド哲学の初期の「空間論」のなかに、これから論じる中期の思考の萌芽を見いだした。つまり、延長的抽象化の方法に先んじること数年、ホワイトヘッドは具体的に知ることができる空間から、抽象的に

＊14　R, p.74.

理解することができる空間への橋渡しをすでに語っていたのである。また、「空間論」をめぐりラッセルとの交差から理解できるように、当時は文字通り空間についてホワイトヘッドは思考を巡らせていたのであるが、一九一九年頃になると空間だけでなく時間をも考察対象としていくようになる。ラッセルがホワイトヘッドの思考によって「独断のまどろみから目覚めた」ように、ホワイトヘッドもまた、「アインシュタインやミンコフスキーのおかげで――カントの言葉を借りれば――「独断のまどろみから目覚める」ことができた」（R, p.xv）と述べている。ローの聞き取りから察するに、ホワイトヘッドは一九一八年頃には時空について考察を加えるようになっており、そして数学から物理学へと議論を広げていった。その後ホワイトヘッドは相対性理論の影響を受けた上で、彼独自の議論を展開していった。

1章で、初期の思考の軌跡を検討してきたように、本章では中期のホワイトヘッド哲学をみていこう。ホワイトヘッドの物理学とその哲学を、アインシュタインの物理学やその思想と比較検討しながら、ホワイトヘッドの具体性の側面を浮き彫りにさせていくことが目的である。そのためにはまずアインシュタインの相対性理論について簡単に述べていかなくてはならない。アインシュタインの特殊および一般相対性理論は、現実を非常識ではあるが、まさに物理学の観点から、従来のニュートンに代表される古典物理学とは異なる仕方で、新たに斉一的にこの宇宙の有様を記述することができるようにしたものである。この点において、アインシュタインは物理学において革命を起こしたといっても過言ではないだろう。その一方でホワイトヘッドの議論、特に彼の重力論はアインシュタインの「オルタナティヴ」（R, p.xv）理論であり続けるものである。しかしこのオルタナティヴ理論である以前にその理論の前提をなすそのホワイトヘッドの哲学の立場をみていくことで、抽象的な科学理論と接しながらもホワイトヘッド哲学における具体的な領域を明確にしてみたい。

言うまでもなく、私にはアインシュタインとホワイトヘッドの物理学における業績のどちらが正しいなどと判定する力量もないし、おそらくアインシュタインが正しいのだと考えている。しかしながら、ホワイトヘッドの重力論そのものではなく哲学、それも具体性にかんする彼の立場を考察することはなんら無駄なことではない。本章の末尾に述べることを先取りして言うならば、今まさに生じる現実の具体的な出来事を語らんとするのがホワイトヘッド哲学なのだから。

1　アインシュタインの相対性理論と哲学

アインシュタインの特殊および一般相対性理論は何よりもまず光をめぐる議論である。アインシュタインの理論以前にも光をめぐってさまざまな実験（例えばアラゴやフィゾーの実験）が行なわれてきたのであるが、そのなかでもアインシュタインの相対性理論と整合的な帰結を生み出すものとして、マイケルソン・モーリーの実験が挙げられる。地表での地球の運行と、それとは相対的な光の進行方向の違いがはじきだされたことで、光速度の不変が明らかにされた実験だ。

マイケルソン・モーリーの実験ではエーテルの存在の如何を問うたうえで、その存在に対する否定的な帰結を出したということできわめて有名である。バシュラールが述べるように、こうした否定的帰結を肯定的原理として据えられたのがアインシュタインの光速度不変の原理である。[*15] パラドキシカルなものをパラドキシカルなまま原理としてアインシュタインは措定したのだ。それゆえ冒頭にも述べたように非常識なのだ。よく知られているように、このマイケルソン・モーリーの実験については、特殊相対性理論の誕生を告げる一九〇五年の論文ではただちに言明されておらず、この実験の帰結についてアインシュタインが知っていたかどうかは、さまざまな議論が挙げられている。[*16] いずれにせよ、マイケルソン・モーリーの実験がその後のアインシュタインの理論を下支えすることになり、光にかんする決定実験として名を轟かせているのは確かだ。

アインシュタインの特殊相対性理論は、同時性の議論からはじまり、「相対性原理」と先に述べた「光速度不変原理」とが措定され、その上でローレンツ変換を導出する、という形で描かれている。相対性原理はあらゆる基準系が原理的に相対的であるという純粋な原理である一方で、光速度不変原理はマイケルソン・モーリーの実験がなければおそらく支持されるものではなかった。ここにアインシュタインの決定実験への態度が現れているように思われる。というのも、当の実験が決定実験でなければ、自らの理論が破綻することを承知のうえで原理として据えていたからだ。その後アインシュタインが一般相対性理論を打ち立てるさいに措定された「等価原理」があるが、この原理もまた「赤方偏移が実測されなければ、一般相対性理論は支持できないだろう」と述べられている。このこともまた、決定実験を提示した上で、自らの理論が支持されるという立場をとっていた。赤方偏移とは、重力論で議論される問題であり――まさに一般相対性理論の論題であるのだが――、重力とは逆に、伝播する光のスペクトルが赤の方向へとズレていくことである。こうした赤方偏移の事実が見いだされることがなければ、等価原理は原理として破綻すると自ら理解したうえで、自らの議論を練り上げていた。このように、アインシュタインは常に決定実験という厳しい現実を見据えたうえで、自らの理論を作り上げたのだ。次にもう少し詳細に彼の相対性理論の哲学的な前提を見ていこう。[*17]

アインシュタインは自らの理論を練り上げるなかで古典的な枠組みで自明とされていたような事実に疑問符を打つことで、つまり哲学的な懐疑的態度を有していたと言えよう。彼は次のように述べている。

慣性力と重力との数値的等値性を、それらの性質の同一性によって説明しうる可能性は、私

＊15　例えば、ガストン・バシュラール（森訳）「相対論概念の哲学的弁証法」『ＶＯＬ05　エピステモロジー』以文社、二〇一一年、八九頁。

＊16　例えば、Adolf Grünbaum, *Philosophical Problems of Space and Time*, Alfred A. Knopf, inc., NY. 1963. を参照されたい。

＊17　Ａ・アインシュタイン（金子務訳）『わが相対性理論』白揚社、一九七三年、一五二頁。

＊18　Ａ・アインシュタイン（矢野健太郎）『相対性理論の意味』岩波書店、一九五八年、六一頁。

の信ずるところによれば、一般相対性理論に対して古典力学の概念にまさる優位を与え、それの出会う困難は、この進歩に比較すれば、比較的小さなものと考えられるに違いない。[*18]

ガリレオ以来、重力場においてはいかなる物体も同じ力で加速していることはよく知られていた。こうした事実に対してアインシュタインは懐疑的な立場をとっている。ここで、なぜ二つの質量が異なる測定によって一致するのかと問う者は、つまり等値性の理由について懐疑的に問う者は、おそらくアインシュタイン以外にこれまで誰もいなかったのではないだろうか。このように問うことで、決定実験を提示することだけでなく、その哲学的前提としての懐疑的態度もまたアインシュタインの物理学の思想であると考えて差し支えないだろう。この懐疑的な態度は古典物理学全体へと向けられており、そのことが相対性原理を打ち立てるものにもなっている。またアインシュタインは良く知られているように、絶対時間、絶対空間、絶対速度という古典的な枠組みを問いに付し、相対性という絶対的な原理を措定したうえで、ミンコフスキーの四次元時空を採用し、時空という絶対的視点を導入した。すべてを見渡す「永遠の相」の観点である。古典的な絶対的枠組みを懐疑的に捉え、新たな別様の絶対的視点を設定することで自然への物理学的な見方のなかで革命をもたらしたのだ。

2　ホワイトヘッドと相対性理論

このようなアインシュタインの議論が実際に決定実験によってさらされ、実証された事実の一つに、エディントンによる観測が挙げられる。一九一九年にギニアとブラジルでの皆既日食を観測することで、恒星から光が重力の影響によって湾曲するという一般相対性理論の議論が実証されたのである。この当時の雰囲気をホワイトヘッドは次のように伝えている。

イングランドの王立天文学協会員が、グリニッジ天文台での同僚によって測定された有名な日蝕の写真版により、恒星からの光線が太陽の近傍を通過するさいに、湾曲するというそのアインシュタインの予言が実証された、と発表したとき、私はその席に居合わせる機会を得た。強烈な興味に満ちあふれたその席の雰囲気は、まさにギリシャ悲劇であった。私たちは最も崇高な事件の展開に露になる運命の法則に説明を加える合唱舞踊団《コロス》であった。演出そのものにも劇的効果があった。古式豊かな儀式が行われ、背景にはニュートンの肖像画が掲げられてあり、科学の歴史上最大の普遍的立場が二世紀を経て最初の修正を受けなければならなくなったことを私たちに教えていた（SMW, p.10）。

「空間は湾曲していた」というジャーナリズムにも、そして世間一般にも衝撃を与えたこの決定実験は、二〇〇年ほど自明と思われていた事実を根底からひっくり返した。とりわけ、ニュートンを擁していたイングランドの知的世界では、現代の私たちが思っている以上に衝撃的だったことをうかがわせる文言であるし、空間の湾曲は文字通り革命的事実であったに違いない。一九一九年一一月七日の『ロンドン・タイムズ』では、「科学における革命――宇宙の新理論――ニュートンの諸概念が覆される」という見出しを掲げたほどだ。この当時まで自明であった枠組みが、新たな出来事によって刷新され、アインシュタインが成し遂げた科学革命の現場にホワイトヘッドはまさに立ち会っていた。

しかしこうした事実の一方で、ホワイトヘッドは、自らの信念を突き通そうとする。彼がアインシュタインとは別様に重力理論を提示したのであるが、その議論を展開した書物の序文にはこう書かれている。

本書［『相対性原理』］は相対性理論のオルタナティヴを示すことにある。これは、私たちがアインシュタインやミンコフスキーのおかげで――カントの言葉を借りれば――「独断のまどろみから目覚める」ことができたことに端を発している。［…］本書の第一部および同じ主題での既刊の拙著二冊［『自然認識の諸原理』『自然という概念』］で取り扱われた認識一般の特徴、とりわけ自然認識の特徴を考察した結果、私たちの経験は斉一性（uniformity）の基礎が必須であり、またその斉一性を示していること、そして自然の場合においては、この基礎が時空的関係の斉一性として示されるということが導出される。［…］
私の理論に固有なのは、物理学と幾何学とのあいだに認められる古い区別を維持しているということである。物理学は自然の偶然的関係についての知であり、そして幾何学はその斉一な関係性を表現する（R, p.xv）。

ホワイトヘッドにとって、物理学は自然の偶然的関係を扱うものであり、それを規定する幾何学は自然の斉一性を論じるものだという。どういうことか。ホワイトヘッドもまたアインシュタインと同様に四次元のミンコフスキー時空を採用するのであるが、そのさいにアインシュタインはこの時空によって、物質の相互関係——剛体や時計の針の位置——が数学的に表現されたものとして採用する一方で、ホワイトヘッドはこの時空によって、物質が時空の「形容態（adjective）」であると論じる（R, p.16ff）。彼のこの形容態という考え方は、通常の主語述語関係を念頭におくことで理解される。つまり、主語の立場にある四次元時空は物質によって修飾されているにすぎず、物質にかかわるものではない、ということだ。またホワイトヘッドは、物質よりもむしろ、それすら包括している出来事という根源的な経験的事実を措定することで、自然の深層は、より複雑で、多項的な関係として考えている。いうまでもなく、ホワイトヘッドの哲学はこの時期から「生成性（becomingness）」という観点に貫かれており、自然は偶然的で動的なものとして彼は語っている。そしてそれを規定する幾何学的位相は斉一で静的である。こうした哲学的観点のもとにホワイトヘッドは重力論を練り上げていった。

3 ホワイトヘッドの重力論

アインシュタインの重力論を基にして、太陽の周りで空間が歪むという実証結果が出ていたことは先に述べた。このことは、非ユークリッド幾何学が採用されているということであり、とくに重力の強い箇所を明確に理解することができる。それに対してホワイトヘッドの議論では、幾何学が先に述べたように斉一で平坦な関係を表現するものであり、「空間が歪んでいた」というよりもむしろ、「光の経路が曲がっていた」と言い表すものである。こうしたホワイトヘッドの重力論の前提にはもちろん相対性原理も光速度不変原理も採用されていない。このような仕方であれ、ローレンツ変換を導出することを定式化している。[*19] またホワイトヘッドの理論においては、アインシュタインが懐疑を行なったような仕方で、つまり慣性系と回転座標系とが対等にみられることなく、議論が進められている。ホワイトヘッドは重力と慣性系を原理的に区別した上で、重力場を電磁場として扱い、四次元的な計算を行なわない。この理論では通常光速としてみなされる c を、従来通りの臨界速度とし、そしてそれによって伝播する遠隔作用の理論と考えられている。シングはそうしたラインでホワイトヘッドの重力理論を現代的な記述に置き換え、実

＊19　例えば、R, p.65. 参照。

＊20　J. L. Sing, *Relativity Theory of A. N. Whitehead*, University of Maryland, 1951. またエディントンはホワイトヘッドとアインシュタインとの定式化を比較している（A. S. Eddington, "A Comparison of Whitehead's and Einstein's Formulae", Nature, 113, 1924, p.192.）。エディントンも述べているように、ホワイトヘッドにとって時空の計量とは、物理学的な偶然の産物とは別様に定められている。そこで、形容態としての時空の物理量は「潜在的質量インペトゥス（potential masse impetus）」と捉えられている。これはアインシュタインの述べるところの四次元時空の「距離（distance）」に対応しているのであるが、先行幾何学（a prior geometry）である四次元時空を前提にして定義される。こうした前提から、エディントンは次のように定式化していく。

まず、アインシュタインの一般相対性理論は、空間が湾曲していることを、特異点（シュバルツシルド解）として、中心からの距離γとシュバルツシルド半径$\alpha=2GM/c^2$との比が$\beta=\alpha/\gamma$であり、

$$ds^2=(1-\beta)^{-1}d\gamma^2-\gamma^2(d\theta^2+\sin^2\theta d\phi^2)+(1-\beta)dt^2$$

と表現される。ここでは単純化のためにc＝1ととる。ここで、dsが$\beta=1$（$\gamma-\alpha$）によって定義されず、このことがシュバルツシルド特異性を表現する。

次いで、こうしたアインシュタイン理論に対して、ホワイトヘッド理論はどうか。彼の理論の定式をみてみよう。まず、先の定式化に対応するものとして次のようなものがある。

$$dJ^2=(1+\beta)dr^2-r^2(d\theta+\sin^2\theta d\phi^2)+(1-\beta)dt^2+2\beta drdt$$

ここで、$\beta=1$でもdJは定義され、特異点とはならない。これらの定式化を、変換式$t=t^*$-alog｜r-a｜+*const*によって時間座標の変換をすれば、

際定式化もしている。[20]

4　革命的なアインシュタインとオルタナティヴなホワイトヘッド

こうしたホワイトヘッド重力論はいかにオルタナティヴであり続けているのか。まず歴史的な言説を追ってみよう。[21] まず皆既日食を観測したエディントンそのひとによってホワイトヘッド理論が検討された。一九二四年の彼の論文では、先にみたように、静止質点の場にアインシュタインの理論であれホワイトヘッドの理論であれ同じ解が帰結されることが証明された。このことによって、アインシュタインの理論を下支えする検証、つまり光の経路が曲がることや水星の近日点移動は、ホワイトヘッドによっても同様の帰結が得られることが示唆されている。またバンドは、平坦なユークリッド幾何学を前提とするホワイトヘッドの議論が時空座標系を速度に依拠しつつも加速度に依拠しないこととの矛盾をあらわにした。[22] その後物理学の世界では、重力場の議論も統一場理論へと次第にシフトし、さらに加えて素粒子物理学の研究が盛んになったことから、あまりホワイトヘッドのオルタナティヴ理論は検討されてこなかった。しかしながら一九五〇年代になり、シングが先にも述べたように、臨界速度 c で伝わる遠隔作用論としてホワイトヘッドの重力論を解釈し、ニュートンの重力論とアインシュタインのそれとの中間に位置づけた。彼はそこでホワイトヘッドの定式を現代的な定式に刷新し、以前よりも明確な仕方で理論的なテストを行なえるようにしたのである。こうした明確化によって、レイナーはホワイトヘッドの理論を、膨張宇宙の火付け役としてもよく知られているアインシュタイン・ドジッター・モデルと類似したものとして位置づけた（ホワイトヘッド・レイナー・モデル）[＊23]。その後、ウィルはホワイトヘッド理論を含めたさまざまな重力理論による実験的検証の正否を議論し、反証されたものとそうでないものを腑分けしていった[＊24]。

次いでホワイトヘッドの物理学理論がオルタナティヴであり続ける決定的な理由を挙げよう。アインシュタイン理論はすべて非ユークリッド幾何学を使用し、赤方偏移が斉一に生じること

$$ds^2 = -(1-\beta)^{-1}dr^2 - r^2(d\theta^2 + \sin^2\theta d\phi^2) + (1-\beta)dt^{*2}$$

が導出され、アインシュタイン理論と同一となる。

ここでt = constという条件はホワイトヘッドにとって、「世界全体」を表現し、アインシュタインのものとは異なり、ここでの公式は特異性を表すことはない。

＊21　ここでの記述は G. L. Herstein, *Whitehead and the Mesurement Problem of Cosmology*, Ontos/Verlag, 2005, p.65-84. や A. N. Whitehead, *Principle of Relativity*, Barnes & Noble Publishing, 2005 所収の A. Hagar による"Introduction"そして田中裕『逆説から実在へ』行路社、一九九三年、四〇 - 五〇頁、R. M. Palter, *Whitehead's Philosophy of Science*, The University of Chicago Press, 1960, p.236-128. に負っている。

＊22　W. Band, "Dr. A. N. Whitehead. s theory of Absolute Acceleration", *Philosophical Magazin*, 7, 1929, pp.434-440.

＊23　C. B. Rayner, "The Apprication of the Whitehead Theory of Relativity to Nonstatic Spherically Symmetrical Systems", *Proceedings of the Royal Society of London*, 222 1954, pp.509-526.

を記述できることで、その理論の完全性ゆえに検証しやすい。とくにメスバウアー効果という原子レベルでのガンマ線の共鳴や吸収の現象を利用することで実験精度を高めてから、きわめて明確に実証することができるようになった。それに対してホワイトヘッド理論は、ユークリッド幾何学を前提として、極率が一定であれば楕円幾何学ないし双曲幾何学を使用するといったアド・ホックな仮定を追加していくものであった。それゆえ、検証するにあたって、容易な仕方での議論が困難となり、検証可能性という点において、オルタナティヴであり続けている。

こうした理由は先に述べたように、ホワイトヘッドの哲学的な物理学観と幾何学観にそもそも由来している。とくに物理学は幾何学によって可能になるのであるが、これらを分離し、物理学をその字義の語源通り、自然学として捉えていた。先にも引用したように、「私［ホワイトヘッド］の理論に特有なのは、物理学と幾何学とのあいだに認められる古い区別を持ち続けるということである」（［］内は筆者 R, p.xv）。このときの物理学とは古典力学的自然観であり、常識的に私たちが覚知することが可能な範囲から自然を理解していくことである。アインシュタインは非常識にもパラドクキカルなものをパラドキシカルなまま原理として据え、物理学に革命をもたらしたのに対して、ホワイトヘッドはより私たちの具体的な経験に根差した仕方で議論を構築していった。*25 彼が基盤に据えていた、自然の偶然性は、斉一な幾何学観によっても考察されるものである一方で、やはり現実に生じ、私たちが経験することができる出来事として根源的には語られる。そしてこの出来事はきわめて動的な性格を有する。この動的な性格をホワイトヘッドは生成性と現実性として述べているのだ。

---

*24　C. M. Will, "Einstein on the Firing Line", *Physics Today*, 25, 1972, p.23-29. この過程で、ウィルは単純な銀河モデルを使用しながら地球物理学の枠内で、地球朝夕の振幅をホワイトヘッド理論に依拠して計算し、

$$\Delta \frac{g}{g} = 2 \times 10^{-7}$$

という値を算定した。この値を基に、重力計の実測値の許容限度が二〇〇倍を超えるという結論が出され、ホワイトヘッド理論は反証可能であると判定が下された。

*25　光速度不変原理をホワイトヘッドが採用していないことからもこうしたことはうかがえるだろう。彼は同時性をアインシュタイン的な意味ではなく語の通常の意味で解釈し議論を行なった。この点において、ベルクソンが相対性理論を検討した『持続と同時性』における「流れの同時性」と類似的なものであるかもしれない。しかしながら、ベルクソンは「流れの同時性」を踏まえたうえで物理学を提起した訳ではなく、後にベルクソン自身が『持続と同時性』の重版を拒否したことからもうかがえるように、彼は自身の説が失敗だと思っていた節がある。とはいえ近年では、この『持続と同時性』から自然を形而上学的に検討する方向で議論が盛んになりつつある。それはホワイトヘッドの議論と接続されながら検討がなされているものが多い。例えば、エリー・デューリング（森・檜垣訳）「持続と同時性——ホワイトヘッドとベルクソンにおける時間的パースペクティヴと相対論的時間——」『思想』岩波書店、No.1028、二〇〇九年一二月、二五〇-二七八頁を参照されたい。

5　ホワイトヘッド哲学における生成

ホワイトヘッドが物理理論を練り上げるにあたって前提とされていた哲学的議論は、その重力論が理論的に反証可能であるのに対し、まったくもって放棄されるようなものではない。ホワイトヘッドの述べる時空の斉一性は、かならずしも時空の平坦性とは限らない。自然は偶然的であり現実に生成しつつあるという彼の議論には、最も具体的な出来事という哲学的な術語が位置しており、そこから数学的性質が導出されるのであって、逆ではない。ホワイトヘッドは重力理論を展開した後、極めて難解であるがしかし魅力的な形而上学を描いていく。さて、彼の哲学の前提となっている生成についてみてみよう。

延長の関係は、空間的関係へと帰結するその出来事の性質によって、現実的なものとして——頑固な事実（matters of fact）として——出来事を示す。また延長の関係は、時間的関係へと帰結するその出来事の性質によって、自然の生成性（becomingness）を含むものとして——出来事の移行（passage）や創造的前進（creative advance）として——出来事を示す。だから出来事は現実性と生成性の本質的な要素なのである。現実的な出来事はあらゆる可能性（possibility）がはぎ取られている。出来事は自然において生成するものなのだ（PNK, p.61）。

中期になるとホワイトヘッドは出来事を延長の関係として分析するようになり、その延長のなかで空間と時間とがさらに細かく析出される。とりわけ空間において現実的にそこある出来事を分析することができ、また時間においてそこにある出来事の移り変わりが記述できるようになる。だから出来事は現実性と生成性の要因なのである。その意味で出来事は可能的なものではなく、私たちが存在するこの自然のなかで蠢くのだ。このような偶然的かつ現実的な生成しつつある様が、彼の哲学の根源にある。アインシュタインの理論では、彼の明晰な記述によって、物質の偶然的な分布すらも非ユークリッド幾何学によって表されていた。それに対しホワイトヘッドは自然を、重力論においては斉一なユークリッド幾何学によって表したものの、哲学においてはこのように生成と現実という立場を原理的に据えながら議論を行なった。

最後に、ホワイトヘッド哲学とアインシュタインの物理学の哲学的態度をまとめてみよう。

まず、アインシュタインの立場は先にも述べたように、数学と物理学とが融合した仕方で自然が記述されていた。それゆえ、古典的な自然観と幾何学の分離という事態に対して革命を生じさせることができた。そしてまたアインシュタインは四次元時空を絶対視し、神の視点からの、いわば永遠の相からの記述を行なっていた。このとき物理学という一つの観点からこの自然や宇宙を描いた。それに対しホワイトヘッド哲学のなかでは、四次元時空は形容態として語られるのであり、むしろ生成と現実とが原理的に語られる。いわば現実と生成の相からの記述が行なわれていると考えることができる。ここで現実という問題について悩みを打ち明けるアインシュタインの態度をみてみよう。

かつてアインシュタインは、現在という問題に深刻に悩んでいると言った。現在を経験することは、人間にとって特別な意味をもつ。過去や未来とは本質的に違った何かがあるが、この重要な違いは、物理学には現れないし、また現れることもできないと彼は説明した。この経験を科学では把握できないということは、彼にとって、手痛くも避けがたい諦観のようであった。客観的に起こるすべての事柄は科学で記述できると私は指摘した。出来事の時間系列は物理学で記述される一方、時間に関する人間の経験の独自性は、過去・現在・未来に対する異なった態度も含めて、心理学によって記述し（原理的には）説明することができる。しかしアインシュタインは、これらの科学的記述は、私たち人間的な要求を満足させることができないであろうと考えた。現在には、科学の範囲の外にある本質的な何かがあると考えた[*26]。

先にも述べたように、ホワイトヘッドにとって自然にある出来事はすべて現実に生成するものである。この意味で、アインシュタインの偶然的な物質の分布を描いた物理学とは異なる。

ここまで述べてきたように、アインシュタインは現実的世界と物理数学的な世界を同一視しつつも、やはりその現実的世界を描くことはできないことに悩んでいた。その一方でホワイトヘッドは現実を森羅万象の生成という立場から哲学的に語った。こうした哲学を展開し始めたホワイトヘッドに対して、ラッセルはこう述べている。

戦争の最後の月に、まだ十八歳になったばかりの彼の下の子どもが戦死した。このため彼は茫然自失となり、自分の仕事に手が付けられるようになったのは、ひとえに道徳的訓練の非常な努力のたまものだった。この損失の苦しみは、彼の思想を哲学に向け、単なるメカニックな宇宙を信ずることから逃れる道を求めさせるのに深い関係があった。彼の哲学は大変曖昧なもので私には理解できないところが沢山あった。彼は常にカントに依存していたが、私はカントを低く評価していたし、また彼が自分の哲学を展開し始めたとき、ベルクソンから大きな影響を受けていた（PMO, p.93）。

ホワイトヘッドが自らの哲学を展開するきっかけの一つに息子の死が挙げられるとラッセルは述べている。なるほど一九一九年に出版された『自然認識の諸原理』の序文は息子に捧げられている。息子の戦死は一九一八年のことである。この頃にベルクソン哲学に大きな影響を受けつつ、

＊26　I. Prigogine et I. Stengers, *La nouvelle alliance*, Gallimard, 1986, pp. 395-396 : *The philosophy of Rudolf Carnap*, édité par P. A. SCHLIPP, Cambridge University Press, 1963.　この箇所は翻訳を引用した。Cf.『混沌からの秩序』（伏見他訳）、みすず書房、一九八七年、二八四‐二八五頁。

そして物理学に依拠しながら自然について、とりわけ時間と空間について語りだしたホワイトヘッドにはどういった思考の転換があったのだろうか。次章ではホワイトヘッドの具体性に輪郭をより与えてみるべく、中期から後期にかけてのホワイトヘッド哲学をみてみよう。

3章　経験の雫——ホワイトヘッドとベルクソン

哲学が純粋な弁証法、つまり言語のうちに蓄積されている冗長な認識でもって形而上学を構成しようとする試みである場合、哲学はそこで素朴にも屈服してしまう。……私たちの哲学活動のすべては、こうした哲学者に対する、一つの抗議である。

——アンリ・ベルクソン[*27]

0　はじめに

ホワイトヘッドはラッセルとの決別の後、自然における現実と生成について議論をしていくようになっていった。ホワイトヘッドは初期に考察していた空間だけでなく、中期になると時間についても語ることで「移行していく自然」とそれを構成する出来事を軸に自らの哲学を展開するようになる。2章の末尾でも述べたように、こうしたホワイトヘッドの思考の転換には、ラッセルによれば、ベルクソン哲学の影響があるようだ。本章では、ホワイトヘッド哲学におけるベルクソン哲学の影響と差異について述べることで、中期から後期へのホワイトヘッドの哲学の流れをみていく。

ここでカスー＝ノゲスが述べているような、時間（や空間）の哲学についての切り分け方を参考にしたい。その切り分け方とは、彼が述べるには、哲学の内部で時間を考えるさいに、アウグスティヌスからメルロ＝ポンティに至るまでの多くの哲学者たちは、内的で心理的な時間として考えていた一方で、ベルクソンの一部の業績（これからみるように『持続と同時性』におけるベルクソン）やホワイトヘッド（とラッセル）の業績が、時間を外的なもの（ないし外的な時間と内的な時間とが交差するもの）として考えていた、ということだ。[*28] このとき彼らは物理学的な時間を参照軸にしながら、つまり外的な自然の時間を射程に据えて、自然（やそれにまつわる時間や空間）を考察した。とりわけここでは、『持続と同時性』のベルクソンとホワイトヘッドの自然哲学の業績を検討していこう。

良く知られているように、ベルクソンは直接経験を重要視し、そこに時間を、そして抽象的な思考に空間を付与する。とりわけ彼の相対性理論への態度をみると、時間や空間といった自然の構成要素に対して、直接経験と物理学的理念の対立を当てはめて考察している。自然という出来事を、ベルクソンはあくまで自然の直接経験とその時間という一貫したパースペクティヴで語り、物理学的な態度を棄却しているようにみえる。

1　相対論を引き受けたうえで哲学を展開すること

アインシュタインが特殊相対性理論の名で知られている論文『運動している物体の電気力学について』[*29]を著した一九〇五年から、ベルクソンが『持続と同時性』を、そしてホワイトヘッドが自然哲学三部作を著した時期までは、およそ一五年の歳月が流れている。この一五年のあいだに、アインシュタインの物理学は、疑義を呈されたり、政治的嫌がらせを受けたり[*30]、実証されたり、もろもろの過程を経ていった。とりわけ一九一九年にはエディントンが、皆既日食を手がかりに、アインシュタインが述べる空間の湾曲を実証したことは、2章でも述べた。この出来事は広くアインシュタインの物理学を世に知らしめたのであり、その物理学的側面だけでなく、哲学

＊27　CE, p.1330.
＊28　Pierre Cassou-Noguès, "The Unity of Events: Whitehead and Two Critics, Russell and Bergson", *Southern Journal of Philosophy*, 2005, 43(4), pp. 545-560. や *Le bord de l'expérience*, PUF, 2010. を参照されたい。
＊29　Albert Einstein, "Zur Elektrodynamik bewegter Körper", Ann. *Der Phys*. 17 (1905) pp.891-921.
＊30　例えば、フィリップ・フランク（矢野健太郎訳）「アインシュタインに対する反対運動」『評伝アインシュタイン』岩波現代文庫、二〇〇五年によれば、右翼革命の政治的運動のグループ、物理学者のグループ、そして相対性理論とは相容れない哲学体系を主張していたグループが、アインシュタイン当人と彼の議論に対して反対を唱えていた。

的側面にもさまざまなコメントが残されていくようになる。本章で限られる範囲ではまず、一九一九年にホワイトヘッドは自然哲学三部作の第一部である『自然認識の諸原理』を刊行し、その一年後の一九二〇年に『自然という概念』を、そして一九二二年に「アインシュタインのわき腹に刺さった棘[*31]」と後に形容されることになる重力理論を定式化した『相対性原理』を刊行している。同じく一九二二年には、ベルクソンが『持続と同時性』というアインシュタインの主に特殊相対性理論にコメントした著作がものされる。このように哲学の領域でもホワイトヘッドやベルクソンといった人びとが、新たな物理学に触発されて議論を展開しているのである。

ホワイトヘッドの三部作のうちの最初の二部作では、自然という外的世界の構成を哲学と物理学双方の観点から考察しており、第三部作目では、哲学的含意はもちろんのことではあるが、テンソルを用い、高度に物理学的な内容を提示している。アインシュタインと異なる物理学的側面としては、2章でも述べたようにアインシュタインが同時性の定義から議論をはじめ（特殊相対性理論）、その後等価原理やリーマン幾何を使用した重力理論を定式化していった（一般相対性理論）のに対して、ホワイトヘッドは同時性の定義からではなく、むしろ時空の斉一性を前提として語っていた。アインシュタインの場合、原理的に相対性が認められることで、あらゆる基準が対等であったのであるが、ホワイトヘッドは重力と慣性力とを区別し、重力を時間や空間とも切り離して考察していたのである。物理学的議論の前提となる哲学的考察は、初めの二部作においてなされているのであるが、そこでホワイトヘッドが最も強調している点は自然の「生成性」

や「現実性」である。この点について、ベルクソンが『持続と同時性』や他の著作のなかで、ホワイトヘッドの考えに言及し深く共鳴していた[*32]（DS, p.62）。

アインシュタインの物理学的業績を哲学的な議論としてベルクソンとホワイトヘッドが扱ったものに「同時性」と「時空」（ないし時間と空間）がある。ベルクソンは周知の通り、時間ないし持続を根本概念として据えたうえで、アインシュタイン（とミンコフスキー）の時空を虚構のサンボリックな、いわば空間化されたものとして考察していた。そして、同時性に関しては、「流れの同時性（simultanéité de flux）」（DS, p.41, p.48etc）を物理学的な同時性に対置させて、生成や前進の立場に身を置きながら、持論を展開した。ホワイトヘッドは同時性については語の通常の意味での同時性を使用し、アインシュタインの物理学理論とは対置させてはいない。しかし時空についてはいかに具体的な出来事とかかわるのかという観点から議論を展開している。

さて、ここから、ベルクソンの時空や同時性を巡る哲学的営為を巡って、そしてベルクソンと互いに深く共鳴するホワイトヘッド哲学を追うことで、彼らの影響関係と差異をみてみよう。

＊31　例えば、C. M. Will, "Relativistic Gravity in the Solar System, II", *Astrophysical Journal*, *169*, 1971, pp.141-156. を参照されたい。

＊32　Œ, p.1314.

2　ベルクソンの持続と同時性

まずベルクソンがホワイトヘッドと深い共鳴をしめしていた自然の前進や生成について確認してみよう。ここで、物理学が思考する自然との対比を明確にすることができる。

……時間が過ぎ去ると私たちが述べるとき、過ぎ去るのは私たちである。可能的に与えられている歴史全体を一瞬ごとに現実化するのは、私たちのイマージュの前進運動である。以上が時間の空間的表象に内在的な形而上学である。この形而上学は避けることができない。明瞭であれ曖昧であれ、それは常に生成について思考する精神の自然的な形而上学であった。……こうして私たちは直接的なものにできるだけ、とどまったのである。……最近、ある素晴らしい本で、哲学者で数学者である人が「自然の前進」を認める必要性を主張し、この構想を私たちの構想に結びつけた（DS, p.62）。

さらにこの箇所に注をほどこし、こう述べている。

この著作「ホワイトヘッド『自然という概念』」はなるほど自然哲学について書かれた最も奥

深い著作の一つである（DS, p.62）。

ここでベルクソンが議論しているのは、時間概念の位相が彼の哲学においては、直接経験されるものに位置しており、そうした立場が自然においてもまた置かれているということである。経験される時間とは、『意識に直接与えられたものの試論』（以下『試論』）以来、「かかわり（fonction）」によって、押し広げられるものであった。また『物質と記憶』以来、「記憶（memoire）」とそれを注意深く理解することができる「意識（conscious）」によって、時間の移り変わりを経験することができること考えられていた。そして『持続と同時性』において、直接経験される移り変わる時間が押し広げられた結果の自然、そして宇宙においてこそ、唯一の時間、一つのもの、普遍的なもの、非人格的なものが存在する。[*33] ここで、ドゥルーズはベルクソンの『持続と同時性』を「相対性理論との対決」から唯一の時間を導きだしたと論じている。ベルクソンが述べる時間とは、私たちであれ自然であれ経験することができるものであり、それは私たちだけでなく、私たちとかかわりにおいて広げられた自然も、内的な意識から記憶とともに理解することによって、その都度その都度の新しさを獲得しながら、生成し前進していく形而上学的立場なのだ。そうであるからベルクソンからすれば、「私たちはミンコフスキーの時空から時

＊33　例えば、この点の簡潔なまとめについては、Gilles Deleuze, *Le bergsonisme*, PUF, 1966, p.77-78. を参照されたい。

間の流れの観念を決して引き出さないだろう」（DS, p.63）と言う。形而上学的ではなく物理学的な見地に、ベルクソンの考える人間や自然の移り変わりは表現されていないとして議論が展開されていく。話を先取りして述べるならば、ベルクソンやホワイトヘッドが扱うものは、直接経験される自然が生成し前進していくダイナミックなプロセスであるのに対し、アインシュタインやミンコフスキーが扱うものは私たちの自然についての物理学的側面であり、数学的定式を用いて分析していくスタティックな様相であると言うことができよう。

こうした議論は同時性についてベルクソンが述べる段でも、踏襲されていく。上述したようにアインシュタインは同時性を定義したうえで自らの特殊相対性理論を展開していったのであるが、そうした同時性についてベルクソンは彼なりの同時性をアインシュタインから引き受けながら論述していく。ベルクソンは次のように述べている。

> 相対性理論の理論家たちは二つの瞬間の同時性についてしか決して語らない。しかしながら、その同時性以前に、その観念がより自然なものであるところの、別の同時性が存在する。……私たちが川の岸に座っているとき、水の流れ、船の滑り、鳥の飛翔、私たちの深い生命の絶え間ないざわめき、それらは私たちにとって随意に三つの違ったものであったり、ただ一つのものであったりする。私たちは全体を内面化して、三つの流れを混合して自らの経過の中に引き込むただ一つの知覚に関係することもあるし、あるいは最初の二つを外に残して、私たちの注

意を内と外に分配することもあり、あるいはもっとよい場合には、一つであるとともに多でもあるという、注意のもつ独自の特性のおかげで注意が三つの流動を結び合わせながらも分離することによって、同時に両方のことをすることもある（DS, p.50-51)。

ベルクソンが述べるところによると、相対性理論においては二つのものの同時性しか扱われておらず、さらには二つ以上のものを措定し、それらのものが一つでもあり多でもあるような流れの同時性があるとしている。こうした形而上学的な経験論はもちろん物理学者に伝えても言いがかりにしか感じられないだろう。事実、アインシュタインとベルクソンの不幸な話し合いという歴史が存在している。[*34] しかしながら、日本の物理学者渡辺が述べるように、ベルクソンの特殊相対論の概要は、「明らかに物理学的に誤謬であるところ」がありながらも、「物理学の主張を解説している部分の中には、そのまま取って来て、物理学の教科書に入れたら、模範的な説明となるようなところさえある」[*35]。つまり、相対論を説明している箇所は模範的であり、そのうえで自説の議論を展開する段になると「物理学的に誤謬」である一例として、この文言で述べられている流れの同時性は考えられる。しかしながら、先にも述べたように、物理学的に誤謬となってしまうのは流れの同時性であって、ベルクソンによる相対性理論の同時性そのものの理解ではない。付言しておくべきことは、流れの同時性は哲学的概念である、ということだ。流れの同時性を念頭に置きながら描かれたランジュヴァンに対する『持続と同時性』の補遺で描かれる議論は、デューリングも指摘しているように、物理学的にも実は誤謬は生じない。[*36] それはホワイトヘッドの同時性概念を想起すれば明らかなように、別段、光速度不変の原理を措定せずとも、特殊な領域ではアインシュタインと同様の議論を展開することができるからだ（もちろん、ランジュヴァンのパラドックスにおいて、という文脈の限定を付けなければならない）。[*37]

流れの同時性に戻ろう。相対性理論における同時性は、基準系と慣性系との同時性を扱うことである基準系の観点からみると、他方の慣性系の時間と空間の収縮が導出されるというものだ。これに対してベルクソンの流れの同時性は、二つのものだけではなく、一つの風景のなかに鳥や川の流れや私が存在しているとして、その風景一つの流れの同時性がありながらも、そのなかの川や鳥における同時性があり、私ですら内観と外観の移り変わりを同時に経験することもある、といったものだ。その意味で一つでもあるし、三つでもあるし、多様にいくらでも区分しようと思えば区分できるものである。一つの風景のなかに存在しているさまざまな同時性が、流れの同時性である。こう言い換えてみよう。一つの風景という唯一の時間のなかで、多くの出来事がそれぞれの時間の流れでもって、その唯一の時間を経験する。出来事は一つだが、その切り分け方は多様なのだ。このようにベルクソンは多様であることと唯一の時間とを共に語る。

しかしながら、このままでは、物理学者と哲学者の平行線が引かれたままの状態であるだろう。というのも、形而上学での動的な時空間と物理学での静的な時空間は基本的に分離されたまま、それらをベルクソンが語っていたからだ。もちろん、物理学の扱う自然（ないし時空間）と

＊34　例えば、プリゴジンは次のように述べている。「よく知られている場面ではあるが、一九二二年四月六日、パリの哲学会で歴史に残るような場面があった。アンリ・ベルクソンがアインシュタインに対して一つの実在的な時間の統一性のなかに共存する生きた時間の多数性を擁護し、この多数の持続が一つの同じ世界に参与する直観的な証拠を守ろうとした。アインシュタインの返答を読むと、彼は……「哲学者の時間」を退けた。なるほど、生きた経験は、科学によって否定されてきたものを救うことができなかったのだ」（I. Prigogine, I. Stengers, *La nouvelle alliance*, Gallimard, 1986, p.365.）。なお、この場面の議論については、Henri Bergson, ‘Discussion avec Einstein’, *Mélanges*, PUF, 1972, pp.1340-1347. に収録されている。デスメによれば、ホワイトヘッドもまたアインシュタインと会っている（というよりも周囲から無理矢理二人きりにさせられている）が、互いに挨拶を交わした程度だと言う（Ronald Desmet, “Did Whitehead and Einstein actually meet?”, *Researching with Whitehead: System and Adventure*, eds. Franz Riffert and Hans-Joachim Sander, Verlag Karl Alber, 2008, p.127-155.）。

＊35　渡辺慧『時』河出書房新社、一九七四年、二二三頁。

＊36　例えば、Elie During “Philosophical twins ? Bergson and Whitehead on Langevin's Paradox and the Meaning of "Space-Time"”, in *Les Principes de la connaissance naturelle d'Alfred North Whitehead - Alfred North Whitehead's Principles of Natural Knowledge*, G. Durand & M. Weber (dir.), Frankfurt / Lancaster, Ontos Verlag, 2007. と、“Durations and Simultaneities : temporal perspectives and relativistic time in Whitehead and Bergson”, *in Handbook of Whiteheadian Process Thought*, Michel Weber (dir.), vol. 2, Frankfurt / Lancaster, Ontos Verlag, 2008. エリー・デューリング（森・檜垣訳）「持続と同時性――ホワイトヘッドとベルクソンにおける時間的パースペクティヴと相対論的時間」『思想』岩波書店、二〇〇九年一二月号。なお、渡辺によれば、自然モデルでベルクソンの時間の哲学を考察するよりもむしろ、生命をモデルとして考察することで、より豊穣な可能性が開けるとしている（『時』河出書房新社、一九七四年、二〇一‐二二〇頁）。また郡司ペギオ幸夫らの議論おいてもベルクソン‐ドゥルーズが物理生物学の議論と接続されて語られている（「ただ流れる時間へ」『ドゥルーズ／ガタリの現在』平凡社、二〇〇八年、五八‐七九頁）。

哲学の扱う自然（ないし時空間）とは異なるのではあるが、しかし本章で扱っている時空概念はそもそもやはりアインシュタイン（とミンコフスキー）由来であり、物理学と接さざるをえないものではないだろうか。同様の問題系をベルクソンではなく、ホワイトヘッドもまた考察していた。次節ではまずホワイトヘッドの自然の前進や生成についてみてみよう。

3　ホワイトヘッドの自然哲学

ホワイトヘッドもベルクソンと同様に自然の前進や生成を主題としている。この点でホワイトヘッドはベルクソンと共通の問題系を有している。ホワイトヘッドは次のように述べている。

自然の過程は、それゆえ自然の移行とも名付けられる。私はこの段で「時間」という語の使用を差し控える。というのも、科学や文明生活のなかで、測定されうる時間とは一般に、自然の移行というより根本的事実のいくつかの側面を単に示しているに過ぎないからだ。この学説は、ベルクソンの立場と完全に一致する。とはいえ、私が「自然の移行」と呼ぶ根本的事実をベルクソンは「時間」と呼んではいるが。自然の移行はまた時間的な推移（transition）だけではなく、空間的な推移についても同じように示される。自然が常に前進しているのは、こうした移行によってなのだ（CN, p.54）。

ホワイトヘッドはこの文言で時間という用語を避けると述べている。理由として一般的に語られすぎており、手あかがついているからだ。時計の時間のような一般的な時間をホワイトヘッドはここで考察したいのではなく、自然が移行していくさま、そのことを時計の時間とは異なる仕方で議論をしたいからだ。この点で物理学的な時間とは異なる時間を扱っていた「ベルクソンの立場と完全に一致する」。ただし、ベルクソンは文字通り彼にとっての時間に重点をおいて考察を加えていたが、ホワイトヘッドはそれだけでない。時間と空間とが共に考察されるのである。ホワイトヘッドにとって自然とは時空的なものであったし、言うまでもなく、ここまで述べてきたように、それは出来事と呼ばれるものである。だからベルクソンと異なるのは、時間から出発するのではなく、時間も空間も含意された出来事（と後に述べるように、出来事と同意義である現実的存在（actual entity））から出発する、という点である。今一度ホワイトヘッドにとって自然とはどういうものであったかというと、やはり、「自然には、いわば互いに相容れず、しかも互いに本質的な二つの側面が存在している。一方の側面は、創造的前進における発展、つまり自然の本質的生成性である。他方の側面は、事物の永続性、つまり自然が再認されうるという事実である。かくして、自然は常に新しくも古くもない諸々の対象と関係している新しさなのである」（PNK,

＊37　もちろん、ランジュヴァンのパラドックスは特殊相対性理論の枠内でも扱える。例えば、内井惣七『アインシュタインの思考をたどる　時空の哲学入門』ミネルヴァ書房、二〇〇四年、三九‐四〇頁を参照。

p.98）という文言が想起されるべきである。ホワイトヘッドにとって、自然とは本質的に前進し生成する。それは出来事という、具体的な経験によって覚知されるものである。その一方で物理学的に再認されるのは点や線や面などの対象であり、出来事を抽象化することで獲得できるものだ。抽象的な点があるから具体的な出来事があるのではなく、具体的な出来事があってこそ抽象的な点があるのだ。メルロ＝ポンティがホワイトヘッドを注釈しながら述べるように、「点的な時空間的実在を考えることはできないし、世界をこのように照らし出すことで構成することはできない」[*38]。出来事とは、生成する時空であり、アインシュタイン－ミンコフスキー的な時空は抽象の所産である。このようにベルクソンと同様ホワイトヘッドにおいてもまた、哲学的な経験による自然と物理学的な経験による自然とが腑分けされている。

ホワイトヘッドの出来事は、引用した文言からも理解されるように、創造的に前進し、生成するものである。こうした位相はベルクソンの直接に経験される時間的な持続と重なる。そしてこの点においてベルクソンは先のような賞賛を与えたのだ。しかしながら、ベルクソンがミンコフスキー時空をサンボリックなものとして退けている一方で、2章の議論を想起するならば、ホワイトヘッドは時空を出来事から導出可能なものとして、あるいは出来事に進入しているものとして、さらには時空を出来事の形容態として語っている。出来事と時空とはむろん異なる位相にあるが、時空は退けられるべき対象ではない。

4　後期ホワイトヘッド哲学から

さて、このような出来事と呼ばれている直接経験されるものは、自然哲学三部作の後に展開された形而上学的著作『過程と実在』において、現実的存在とタームを代えることで再び語られている。出来事と同様に、現実的存在もまた前進し生成するという時間的性格を有している。ホワイトヘッドは次のように述べている。

「現実的存在」――現実的契機（actual occasion）とも呼ばれる――は、世界がそれからなる究極的な実在的事物である。現実的存在の背後に何かをみいだそうとしても、それ以上に実在的なものなどない。現実的存在はたがいに異なっている。たとえば、神は一つの現実的存在であるし、はるか彼方の空虚な空間にある最も些末な現存する一吹きもまたそうである。重要さには段階があり、機能の多様性があるものの、現実性が例示する原理において、すべては同一レベルにある。究極的事実は一様にすべて現実的存在である。そしてこれらの現実的存在は複合的かつ相互依存的な経験の雫（drops of experience）である（PR, p.18）。

＊38　Maurice Merleau-Ponty, *La Nature, Notes Cours du Collège de France*, Seuil. 1995, p.154.

またこの直後に述べる説明のカテゴリーの(i)にはこう述べられている。

> 現実的世界は過程であり、この過程は現実的存在の生成である。かくして現実的存在は創られたものであり、「現実的契機」とも呼ばれる（PR, p.22）。

ホワイトヘッドにとって、現実的存在とは究極的な経験の雫であり、それは自然を構成する基底にあったのは出来事から語の名前が変化しても変わりはない。そしてその現実的存在はまた生成し、その現実的存在に満ちたこの世界は過程としてダイナミックに前進しつづける。

さて、こうした出来事や現実的存在はいかに物理的な時空とかかわるのであろうか。このとき時空は、物理学のみの事象であるのだろうか。そうではない。次の文言をみてみよう。

> 物理的時間は「充足（satisfaction）」の「座標的」分析（coordinate analysis）に現れる。現実的存在は物理的時間のある一定の量の享受である。しかし発生的過程（genetic process）は、時間的契機ではない。［…］
> 量における空間的要素は時間的要素と同様である。こうして量は、ある延長的領域である。この領域は合生《がっせい》（concrescence）が前提している決定された基底である。［…］
> 合生がその基底的領域を前提するのであって、この領域がその合生を前提するのではない

（PR, p.283）。

物理的な時間は、現実的存在のより数学的操作に基づいた座標的分析によって記述される。それは例えば、時間的な現実的存在は、それを時間系列で見渡すと、生成しつつある様としてというよりもむしろ、現実的存在と現実的存在とが繋がるシークエンスとして、座標的に理解できる、ということである。それをホワイトヘッドは座標的分析と呼んでいる。このとき現実的存在が構成されたものとして理解できることが充足である。つまり、現実世界を俯瞰して理解することができる諸々の現実的存在の時間の量、換言すれば外延（延長）的な現実的存在の連続性である。こうした様はなるほどアインシュタイン-ミンコフスキー的な時空とも重ねて議論することができるだろう。とはいえこうした外延＝延長的な様だけでなく、内包的な様を記述することができるとホワイトヘッドは、別様に語っている。それが発生的過程である。その分析が発生的分析（genetic analysis）である。先の座標的分析は、ある現実的存在から時間的な契機を経た別の現実的存在への移行についてであったが（連続性）、それに対して、発生的分析は、一つの、たった一つの現実的存在が諸々の段階を経て発生していく様を描くものである（原子性）。

とりわけここでは一つの現実的存在から他の現実的存在へと移行していく様を強調しており、ホワイトヘッドはその様を延長＝外延の理論としている。上の文言では物理的な時間契機が問題となっており、延長の議論、つまり座標的分析の該当箇所でもある。ホワイトヘッドは、構成された現実的存在から別の現実的存在へと移行していく様と上述したものを量と呼び、こうした量が時間と空間――つまり時空である――を要素として含意している領域を延長と呼ぶ。このとき、一つの現実的存在が発生することは、このような延長的領域を前提としており、一つの現実的存在が発生することで、延長的領域が存在するようになるのではない、と述べている。つまり、延長的領域が存在しているからこそ、一つの現実的存在が発生し、なおかつ、一つの現実的存在から他の現実的存在へと時間的に移行できるのである。ホワイトヘッドにとって、延長という領域こそが、もっとも基底的なものなのだ。

ホワイトヘッドがしばしばそうするように、彼の延長的領域が同時的世界や同時存在を認めている段で、アインシュタイン-ミンコフスキー的な仕方ではなく、まさにトポロジカルに同時的世界を考察しているという指摘もある。というのも、チャペックも述べるように、トポロジカルに不変な継起を設定することで、同時的に存在している「二つの系における時間の異なる計測を説明する」[*39]からだ。アインシュタイン-ミンコフスキーのように時空をメトリカルに分析するのでは、その断面をスタティックに瞬時のつながりだけでみることになる。ホワイトヘッドにとって具体的な出来事や現実的存在の生成と現実が主題であり、その生成と現実の様をそのまま物理的に表現するために、トポロジカルに切り取ることで、同時的という言葉の使用を可能にしていたとチャペックは解釈している。またハンセンによれば、アインシュタイン-ミンコフスキーのように大局的な同時性（例えば地球と他の惑星）をホワイトヘッドは念頭に置いているのではなく、局所的な同時性（私と目の前の本）を考察しているという。ホワイトヘッドが通常の意味での同時性という用語を使用していたことを想起するならば、きわめて首肯できる解釈であると思われる。[*40]

いずれにせよ、連続的なブロック宇宙をアインシュタインの議論には垣間みることができるだろう。というのも、永遠の相で捉えられた宇宙は、それがあたかも神のような存在者に俯瞰された連続的な世界として描かれているからだ。それに対し、ホワイトヘッドの描く時空的世界像は、連続的に俯瞰できる一方で、当の現実的存在が非連続的にその都度その都度前進していく。しばしば述べられることであるが「非連続の連続[*41]」的な世界像が担保されている。このときに、ホワイトヘッドが与えている時間像としてエポック的時間論というものがある。それは、非連続的に移行していくエポカルな具体的契機を想定することで、いわば刹那滅的な変化を経験する、ということだ。この点に関しては、前期量子論の影響があるという指摘も存在する。[*42] この非連続的な

＊39　Milič Čapek, *Bergson and modern physics*, D. Reidel Publishing Company, 1971. p. 249.
＊40　Niels Viggo Hansen, "Spacetime and Becoming:Overcoming the Contradiction Between Special Relativity and the Passage of Time", *Physics and Whitehead Quantum, Process, and Experience*, edited by Timothy E. Eastman and Hank Keeton, State University of New York Press, 2003, p.150ff.
＊41　例えば、山本誠作『ホワイトヘッドと現代』法蔵館、一九九一年や『ホワイトヘッド『過程と実在』』晃洋書房、二〇一一年、中村昇『ホワイトヘッドの哲学』講談社、二〇〇七年などを参照されたい。

契機を想定することは、連続性をとみに主張していたベルクソンとは異なるし、スタティックで連続的なアインシュタイン-ミンコフスキーの時空像とも異なる。

ホワイトヘッドにとって出来事ないし現実的存在は、文字通り、現実的で具体的な領域に位置づけられている。ベルクソンが時間（具体・現実）と空間（抽象・観念）とをクリアに腑分けしつつ、それらの平行した様を描いていたのに対し、ホワイトヘッドにおける延長的領域は、具体的であるとともに、そのなかに物理的な抽象的側面が折り畳まれている。ホワイトヘッドはベルクソンの空間化に同意して、「置き違えられた具体の誤謬」を述べていたものの、その一方でベルクソンの空間化によって抽象を放棄しては現実を記述することは不可能であると論じていたことを想起するならば、[*43] ホワイトヘッドの時空の取り扱いは、ベルクソンがホワイトヘッドに賛同していたとはいえ、実は両者の時空観は似て非なるものとなる。ベルクソンは、あくまで、現実を、直接経験を、形而上学的に言及していった。それに対してホワイトヘッドは現実を、直接経験を、形而上学的に言及するとともに、そのなかに折り畳まれている物理数学的側面もまた含意していた。

ホワイトヘッドはこのように直接経験に物理数学的側面が折り畳まれている自然を考察したことで、ベルクソンが『持続と同時性』で論じた、時間と空間とのいわば「二つの文化」の問題は解消されるかもしれない。現実的で具体的な経験あっての抽象的な側面を、ホワイトヘッドは強く打ち出したのである。

5　経験の雫

このようなホワイトヘッドの観点は、実は彼の経験に根差したものといえるかもしれない。2章でも触れたように、彼の自然哲学三部作の第一部目の『自然哲学の諸原理』の序文には次のような文が描かれているのを私たちはみいだせる。それは第一次大戦で戦死した息子にあてた文である。

彼の人生の音楽は、不調和なく
その美しさにおいて完全であった*[44]（PNK, p. ii）。

この文章は何を意味するのか。この書物が再版されるさいに、彼は次のように述べている。

私は近い将来この三部作の見地をより完全な形而上学的研究に包括することを望んでいる（PNK, p. iv）。

ここまでみてきたように、ホワイトヘッドにとって形而上学的立場を展開したのは『過程と実在』であり、そこでは自然の構成要素であり、直接経験される出来事（と現実的存在）をなによりも重んじる哲学であった。彼にとって、自然とは常に生成し、そのなかに対象といった現実には実のところそれだけでは存在することができないものが折り畳まれている、というものだ。上述したように、彼の自然哲学は物理学の革命や、戦争による時代の変化、そしてそれに伴う息子の死といった、まさにこの自然の動的な有様をまざまざと体験したことで描き出されたのかもしれない。自然を経験することとは、刹那滅的に生成し蠢くことである。ホワイトヘッド哲学は、まさに彼の実人生をかけた「経験の雫」なのである。

＊42　例えば、Sebastien Poinat, "Whitehead et les peres fondateurs de la mecanique quantique", NOESIS, 2008. や Henry P. Stapp, 'Whiteheadian Process and Quantum Theory', *Physics and Whitehead Quantum, Process, and Experience* edited by Timothy E. Eastman and Hank Keeton, State University of New York Press, 2003. を参照されたい。

＊43　ホワイトヘッドは『科学と近代世界』と『過程と実在』のなかで、ベルクソンの述べた持続の空間化について全面的に同意しているわけではない。『科学と近代世界』では次のように述べられている。「瞬時的な物質的配置の単に位置を占めることということは、ベルクソンが、時間に関して、そして具体的な自然という根本的事実の考察に関して、あらがっていたところのものである。彼はこうしたことを事物の知的な「空間化」による自然の歪曲と呼んでいる。私はベルクソンのこうした抵抗に同意する。しかしながら、私はこうした歪曲が自然の知的把握にきわめて悪しきものだといこうとには同意しない。私が続く講義で示そうとしているのは、この空間化が極めて抽象的論理的な構築の装いのもとにあるより具体的な事実の表現である、ということだ」(SMW, p.50-51.)。『過程と実在』では次のようにも述べている。「私が考えているのは、空間化というのは適度に慣れ親しんだ言語のなかで表現された明確な哲学への最短の近道である、ということだ」(PR, p.209.)。

＊44　PNK, p. ii .

4章　不共可能性のほうへ
——ライプニッツ主義者ドゥルーズによるホワイトヘッド哲学

ホワイトヘッド、後継者にしてディアドコイ、プラトン主義者たちが学派の指導者について使った言葉である。しかしこれは少しだけ秘密の学派なのだ。

——ジル・ドゥルーズ*45

0　はじめに

これまで初期・中期・後期とホワイトヘッドの哲学をラッセル・アインシュタイン・ベルクソンと比較しながら論じ、ホワイトヘッドの具体性を浮かび上がらせてきた。それでは、この具体性が出来事や現実的存在ないし現実的契機として語られることで、どういった図式をホワイトヘッドが提供してくれているのであろうか。幸いにも私たちは、ドゥルーズが彼の著作『襞——ライプニッツとバロック』（以下『襞』）の中でホワイトヘッドのこうした思考の図式をまとめなから描いている箇所を検討することができる。本章では、具体性が中心に据えられつつもそれに付随する諸々のタームをドゥルーズのまとめに沿いながら、ホワイトヘッド哲学の輪郭を明確にしていきたい。またドゥルーズとホワイトヘッドの哲学の親近性が近年説かれているが、[*46] 彼らの親近性というよりもむしろ相違をまた素描していきたい。

＊45　P, p.103.

＊46　特にホワイトヘッド哲学を継承しているプロセス神学のセンターがある、クレアモント大学のセンター長であるローランド・ファーバーや、ドゥルーズと直接面識もあったイザベル・ステンゲルスらが中心に議論を行っている。ステンゲルスはしばしばスタンジェールと表記されるが、彼女はフラマン語圏出身であり、ステンゲルスと発音される。ここではステンゲルスと表記する。

　ファーバーには次のような論文がある。Roland Faber. "The Infinite Movement of Evanescence: The Pythagorean Puzzle in Deleuze, Whitehead, and Plato." *American Journal of Theology and Philosophy* 21, no.2 (May 2000): p.171-199.、"O bitches of impossibility! Programmatic Dysfunction in the Chaosmos of Deleuze and Whitehead" ***DELEUZE, WHITEHEAD, BERGSON***, sous la direction de Keith Robinson, Macmillan, 2009., p.200-217があり、編著に *Event and Decision, Ontologt and Politics in Badiou, Deleuzu, and Whitehead*, Cambridge Scholars Publishing, 2010. がある。またステンゲルスには次のような編著や著書がある。Isabelle Stengers. *L'effet Whitehead* (Vrin, 1994),*Penser avec Whitehead*, Le Seuil, 2002.。そしてさらには、フランス語圏では、***PERSPECTIVE—LEIBNIZ, WHITEHEAD, DELEUZE***, sous la direction de Benoît Timmermans (Vrin, 2006)が、そして英米仏ベルギーをまたがる形で、***DELEUZE, WHITEHEAD, BERGSON***, sous la direction de Keith Robinson, Macmillan, 2009. が刊行されている。他にも近年の思弁的実在論とのかかわりでも注目されているSteven Shaviroが *Without Criteria,* ***Kant****, Whitehead, Deleuze, and Aesthetics*, MITpress, 2009や ***The universe of things****: On specurative realisim*, Minesota University Press, 2014といった書物を刊行している。

1　出来事

『襞』の六章でドゥルーズは、ホワイトヘッド哲学をライプニッツ哲学の「後継者（successeur）」、そして「最後の偉大な英米圏の哲学（dernière grand philosophie anglo-américaine）」と述べている（P, p.103）。後述するように、ドゥルーズの考えるライプニッツ的な側面がホワイトヘッド哲学にはみてとることができる意味で後継者とここで呼ばれている。また分析哲学研究が盛んになりつつあった英米圏のなかでライプニッツのような壮大な形而上学をホワイトヘッドが展開したという意味でドゥルーズはホワイトヘッド哲学に最大の賛辞を送っている。そうしたなかで「ホワイトヘッドと共にある出来事（événement）とは何かという問いが鳴り響く」（P, p.103）と述べてホワイトヘッド哲学をドゥルーズは検討していく。

まずドゥルーズは出来事をこう記述している。

大ピラミッドは一つの出来事であり、そして大ピラミッドとはその一時間、三〇分間、五分間の持続であり［…］、「自然」の移行（passage）、すなわち「神」の移行であり、神の視点である。すべてが出来事であるための、一つの出来事の諸条件は何か（P, p.103）。

大ピラミッドの例はホワイトヘッドが『自然という概念』で書いた出来事の例である（CN, p.85ff）。ドゥルーズが述べる通り、時間的に刻々と変化することをホワイトヘッドは移行と呼んでいた（CN, p.55ff）。ホワイトヘッドにとって時間とは内在的なものではなく、計量化されうるものであり、延長とともに具体的な出来事の構成要素であった（CN, p.74ff）。そうであるから出来事は時間的な存在であると同時に空間的な存在でもあった。そしてこうした出来事が自然を構成し、この世界を満たしているとホワイトヘッドは論じていた（CN, p.52, PR, p.18）。出来事は『科学と近代世界』になると現実的契機と呼ばれ、『過程と実在』になると現実的存在とも呼ばれるようになるのだが、[*47] とりわけ現実的存在と呼ばれる時点では、神もまた現実的存在であり、その意味で自然であれ、神であれ、神の視点であれ、すべてが出来事である。ドゥルーズはこうしたホワイトヘッドの議論を取り入れたうえで「一つの出来事の諸条件とは何か」と述べ、この後に出来事を出来事として成り立たしめる構成要素を語っていく。

＊47　山内がドゥルーズを「誤読の天才」と述べているように（山内志郎『誤読の哲学』青土社、二〇一三年、一五頁）、『襞』のなかにはホワイトヘッドの一九二〇年の『自然という概念』、一九二五年の『科学と近代世界』、そして一九二九年の『過程と実在』にそれぞれ現れる概念の混同がみられる。しかし、ドゥルーズ自身が本章の註1で述べているように諸々の概念の出自について記述してはいる。この原因としてヴァールとセスラン、そしてデュモンセルのそれぞれの著書においても、諸々の概念がホワイトヘッドの著作に忠実でないことが挙げられる。例えば出来事は、厳密には永遠的対象と共に語られないし、肯定的抱握や否定的抱握とも共には語られない。本稿では、『過程と実在』においても出来事が語られると想定して議論を行っている。

はじめにドゥルーズは「カオス（chaos）」から何かが生成する点について議論している（P, p.103ff）。この点についてホワイトヘッドの「離接的多様性（diversité disjunctive, disjunctive diversity）」という語を用いて説明している。ホワイトヘッドにとって出来事（厳密には現実的存在あるいは現実的契機）は離接的多様性と呼ばれる「場（loci）」から生成する（PR, p.21ff）。そうした場をドゥルーズはカオスと呼び、「いかにして多は一になるのか」（P, p.104）と述べる。多から一が生成するという議論は一九二九年の『過程と実在』におけるものであるが、実のところホワイトヘッドはカオスをドゥルーズのように事物の生成の前提としては論じてはいない。[*48] ここでは一つの出来事（一）がカオス（多）から生成するものとして読解を進めていく。ここでドゥルーズが言わんとしているのは以下のようなことである。宇宙は出来事に満ちている。出来事によってこそ宇宙が構成されている。出来事なしには宇宙は存在しない。こうした宇宙のなかでバラバラに存在している出来事の有様が離接的多様性と呼ばれている。そうした離接的多様性の宇宙のなかから、時空的に新たな出来事が生起する。新たな出来事の立場から語ってみる。新たな出来事は何かしらの与件から成り立つ。その何かしらの与件は新たな出来事からすればバラバラな要素である。そのバラバラな要素を新たな出来事が取り入れていくことで、当の新たな出来事が生起していく。そうであるから新たな出来事からすれば、時空的にそれ以前の与件というものが前提として考えられなければならないし、この与件がどのように出来事に取り入れられていくのかが考えられなければならない。ここからドゥルーズはホワイトヘッドにおける出来事にとっての四つの構成要素を分析していく（1）「延長（extension）」、（2）「内包（intension）」、（3）「個体（individu, individual）」と「抱握（préhension, prehension）」、（4）「永遠的対象（objet eternal, eternal object）」）。以下では、ドゥルーズに即して、この四つの構成要素が何であるかをみていこう。

2　延長と内包

ドゥルーズはホワイトヘッドにとって「延長とは出来事の最初の構成要素であり条件である」（P, p.105）と述べている。ホワイトヘッドにとって出来事（そして現実的契機）は延長的存在である（CN, p.52, PR, p.61）。ドゥルーズの述べるホワイトヘッドの延長とは「一つの要素が後続するものにまで延長され、それが一つの全体となり、後続するものがその部分となるならば延長が

＊48　ホワイトヘッドもカオスや無秩序（disorder）について語っている。しかしドゥルーズと異なるのは、ここで述べたように個体化する出来事の前提としてカオスをホワイトヘッドが語っているのではなく、一つの出来事ないし契機のうちにカオスや無秩序が入り込んでいる点にある（PR, p. 112）。なおドゥルーズのカオスについては、『襞』の後に書かれた『哲学とは何か』において「カオスは、その無秩序によって定義されるというよりもむしろ、無限速度によって定義される」と述べられ、「［…］カオスは、ある空虚である。つまり無ではなく、ある潜在的なものとしての空虚である」（Gilles Deleuze, Férix Guattari, *Qu'est-ce que la philosophie?*, Minuit, 2005, p. 111）と語られている。この点の比較については他日を期す。

存在する」ものであり、「このような全体と部分の連結は最終項も極限ももたない一つの無限の系列を形成する（私たちの感覚の限界を無視すれば）」（P, p.105）。出来事の延長にかんする議論は、とりわけ延長的抽象化の方法で示されていた（CN, p.80ff）。出来事がこの方法であつかわれるときに、極限がとられるのであり、そうでないときには、出来事は無限の出来事を含み、出来事は無限の出来事に含まれるという前提がある。[*49] また延長だけでなく、持続という観点でも出来事は捉えられる。これもまたこの抽象化の議論で取り扱われる。出来事の時間的な側面、つまり「分、秒、一〇分の一秒」という仕方で包含関係が適用されるのだ。こうした延長（と持続）によって現実の出来事から抽象的な計量可能な水準を導出するのが延長的抽象化の方法である。

次いでドゥルーズは出来事の第二の構成要素として内包について語る。出来事の内包とは、ドゥルーズが述べるように「高さ、強度、音色、色調、色価、色彩の飽和度」（P, p.105）である。いわば出来事は延長と持続とが含み込まれた具体的な存在であるが、その一方で内包はその出来事を成り立たしめる内在的な度合いのことである（これは後に触れるようにホワイトヘッドにおける永遠的対象である）。このようにして、出来事の構成要素の二つが論じられている。このとき、ドゥルーズは出来事を「振動（vibration）」と捉えることで（例えば「音波（onde sonore）」や「光の波動（onde lumineuse）」）、延長と内包とを共に説明している（P, p. 105）。

3　個体と抱握

続いて第三の構成要素が語られる。出来事の個体的特徴についてである。ドゥルーズはここで、ホワイトヘッドとライプニッツとの「対峙（confrontation）が露になる」（P, p. 105）と述べている。

ホワイトヘッドにとって個体（individu）とは創造性であり、ある〈新しいもの〉の形成でもある。もはや不定辞でも指示詞でもなく、人称的なもの（le personnel）である。諸々の部分をもち、しかも一部分であるもの、また内在的な特性をそなえるものを要素と呼ぶならば、個体とは諸要素の「合生」であるといえよう。これは連結や結合とはまた別のものであり、抱握（préhension）である。一要素は与えられるものであり、それを抱握する別の要素にとっての「与件」である。抱握とは個体的な統一性である（P, p.105）。

ドゥルーズが述べるホワイトヘッドの個体とは、先の延長や持続でも考察されていたように、時空的に新たな存在が生成していくことでもある。このときホワイトヘッドの個体とはドゥルーズ

＊49　例えば、CN, p.75ff を参照されたい。

がここで述べるように「人称的なもの」でもある。[*50] こうした個体的な出来事に、先に述べた内包の諸要素が入り込む。それをホワイトヘッドは合生と呼ぶ（PR, p.26）。合生とは、「共に成長する（growing together）」という意味を有するのであるが、これはある出来事のなかに諸々の与件や内包的な要素が取り込まれることで、当の出来事において諸々の与件や内包が共に生きるのである。この合生はまた、先にも触れたように人称的で主体的な出来事が抱握することで可能になるとホワイトヘッドは述べている[*51]（PR, p.23ff）。

多から一が生成するということは、新たな出来事が出来するということである。それはホワイトヘッドにとって創造的に出来事が生成することである。「新しいもの」が形成されることである。そのとき、その主体性を有した出来事はさまざまな要素を取り込むことで、その新たな出来事たりうる。このときある出来事は諸々の要素を取り込みながら、生成していく。その取り込んでいくことをホワイトヘッドは抱握と呼んでいる。ある出来事は他の与件やその内包を抱握する。抱握することで、ある出来事はそのある出来事としてさらに個体化していく。そしてある出来事はその個体化が達成されると後続の出来事にとっての与件となる。ドゥルーズが述べているように「抱握のベクトルは世界から主体に向かい、抱握された与件から抱握するものに向かう」（P, p.106）。抱握される与件とは、ある出来事にとっての構成要素であり、なおかつ他の出来事にとっても同様に構成要素である。その意味でドゥルーズが述べるように「抱握の与件は抱握の公的な要素」（P, p.106）なのである。個体化が達成された出来事は他のあらゆる出来事に対して、抱握される与件であり、その意味で「公的」なのだ（PR, p.151）。また個体化が達成された出来事は与件であると同時に、やはり主体的で人称的な出来事でもある。このときの出来事は唯一無二の特異なそれとしてホワイトヘッドによって語られていた（PR, p.21）。これが「私的な要素」（P, p.106）であり、「直接性、個体性、新しさを表現する」（P, p.106）。出来事はその都度その都度公的な要素を取り入れながら、私的な出来事を自ら形作る。ドゥルーズによればこの出来事とは「自らと切り離せないものとして、一つの抱握の対象化を行い、また別の抱握の主体化を行う。同時にそれは公的であり、私的であり、潜在的であり、現実的であり、別の出来事の生成変化の中に入り、しかも自らの生成変化の主体でもある」（P, p.106）。

ドゥルーズは続けて、抱握のさらなる三つの特徴をまとめている。「主体的形式（forme subjective, subjective form）」「主体的志向（visée subjective, subjective aim）」「自己享受（self-enjoyment）」である。これらは一九二九年にホワイトヘッドによって議論されている語である（PR, p.22ff）。まず主体的形式について。いかなる出来事であれ主体性を有することは先に述べた。主体性を有する以上、抱握は能動的になされる。ドゥルーズが述べるように「少なくとも抱握が肯定的な場合、この形式のもとで与件は主体の中に折り畳まれる。その形式とはつまり「感得（feeling）」あるいは方法である」（P, p.106）。ホワイトヘッドにとって抱握には肯定的抱握と

＊50 Steven Shaviro, *Without Criteria*, MITpress, 2009 所収の第三章 “Pulses of Emotion” を参照されたい。
＊51 本稿第II部2章参照されたい。

否定的抱握とがあった（PR, p.23ff）。いずれにせよ、抱握をするということは、ある出来事が主体的に諸々の与件や内包を取り入れることであり、そうであるがゆえに「主体のなかに折り畳まれる」とドゥルーズによって述べられているのだ。こうした主体が抱握をする様が主体的形式である。

次いで主体的志向について。ホワイトヘッドにとってある出来事が主体性を有する以上、いかなる個体へと生成変化すべきかという目的を有する。ある出来事は抱握を肯定的にも否定的にも行い、目的的な存在物としてある出来事がホワイトヘッドによって語られていた（PR, p.24）。こうした点からドゥルーズはある抱握から他の抱握への移行を語っている（P, p.106）。そして自己享受について。自己享受はある契機が個体化したさいの「私的な側面」である。こうした自己享受の側面に先の主体的形式と主体的志向が位置する。こうした私的な側面に「新しさ」が位置する。これに対して公的な側面はいかなる出来事であれ公的な側面（諸々の与件や内包）を取り入れることができ、永遠的なものとしてホワイトヘッドによって語られていた（PR, p.289ff）。ホワイトヘッドは現実性と永遠性とを対比させながら自らの哲学を語るのだ。ドゥルーズはこう述べている。「というのもホワイトヘッドとベルクソンが考えてやまない問題が哲学のなかに登場するのは、まさしくライプニッツを通じてであるからだ。いかにして永遠に到達するかではなく、いったいいかなる条件で対象的な世界は、新しさの主体的な生産、つまり一つの創造を可能にするのか、という問題である」（P, p.107）。ここで新たな出来事の生成がいかに語られるかをドゥルーズはホワイトヘッド哲学のなかにみいだしている。そしてここにドゥルーズは「哲学の目的の大転換」（P. p.108）があったと述べている。つまり、ドゥルーズの考えるライプニッツ像においては、永遠に到達することや、それぞれのモナドのなかの世界の表出、そして調和をみいだすことに力点が置かれているのであるが、ドゥルーズの考えるホワイトヘッド像においては、それぞれの出来事が永遠ではなく現実の新しさに到達することや、さらに述べるならばそれぞれの出来事に調和だけではない「何か」をみいだすことに力点が置かれていると思われる。この「何か」がドゥルーズの考えるライプニッツとホワイトヘッドとの「対峙」なのではないだろうか。この点について5節以降に触れよう。

4　永遠的対象

最後に四つめの出来事の構成要素について。それは永遠的対象と進入である。上述してきたように出来事は主体性を有し、目的を持ち、絶えず抱握をしながら、後続の与件となっていく。「諸々の出来事はそれぞれに流れる」（P. p.108）。しかしそうだとすると、「それが同じ河だ、同じ物だ、あるいは同じ契機だ……と言うことができるのは一体何故だろうか。それは大ピラミッドである、というように」（P. p.108）。そこでドゥルーズは次のように述べる。

ある恒久性が流れの中で具現され、抱握の中で捉えられなければならない。大ピラミッドは二つのことを意味する。まず刻一刻と分子を失っては獲得する〈自然〉の移行、または流れと、さらにあらゆる瞬間を通じて同じままに留まる永遠的対象とである。抱握が常に現実的である一方で（抱握は他の現実的な抱握とのかかわりでだけ潜在的である）、永遠的対象は流れの中で実現される純粋な〈可能性〉であり、また抱握の中で現実化される純粋な〈潜在性〉でもある（P, p.108）。

「流れ（flux）」や「移行（passage）」として表現される自然の出来事に対して、その可能性や潜在性として表現される永遠的対象がホワイトヘッドによって考察されているとドゥルーズはここで述べている。ドゥルーズが説明している通り、ホワイトヘッドにとって流動的な出来事の恒常性を担保する地位を割り当てられているのが永遠的対象であった（PR, p.40）。またある出来事が抱握を行う際に、諸々の与件や内包を取り入れるのであるが。その内包が永遠的対象である。そして先の主体的な出来事が諸々の与件や永遠的対象を抱握するのに対し、進入とは、永遠的対象が主体的な出来事に入り込んでいくことであった（PR, p.22ff）。とはいえ、永遠的対象には主体性はなく、永遠的対象自ら出来事に入り込んでいくことはない。抱握によってのみ出来事が諸々の与件や永遠的対象を取り入れていくのである。そしてドゥルーズが述べている通り、永遠的対象のみを抱握することをホワイトヘッドは「概念的抱握（conceptual prehension）」と呼んでいた（P, p.108, PR, p.44）。こうしたホワイトヘッドの永遠的対象についての考え方は、ドゥルーズによれば「ライプニッツにおいてもこの点は変化がない」（P, p.109）という。永遠的対象とはドゥルーズによれば「［…］色彩や音のような「質」であり、広がりを決定するピラミッドのような「形態」であり、また金や大理石のように物質の区分に対応するさまざまな「物」」（P, p. 108）であり、流れる出来事を常に規定する。このように述べたうえで、ドゥルーズはライプニッツ哲学においてもこの永遠的対象と同じように、「形態や質や物などは諸々のモナドにおいて考察され現実化されつつも、流れの中で実現する恒常性の図式」（P, p.109）を有している。この点こそ六章の冒頭でホワイトヘッドをライプニッツの後継者と呼ぶ理由なのではないだろうか。

5　ドゥルーズによるホワイトヘッドとライプニッツ

ここからなぜドゥルーズがホワイトヘッドを論じたのかを、彼のまとめるライプニッツ像と照らし合わせて考察する。3節の末に述べた「何か」を、つまり後継者でありながらも対峙している点を明らかにしていく。まずドゥルーズがホワイトヘッドとともにここまで考察してきた出来事を、音楽の事例で語っているところからみてみよう（P, p.109ff）。本章の2節でも出来事が振動でもあることに触れたように、ドゥルーズは再びこう述べる。「諸々の音の振動は延長し、諸々の周期的な運動が、それらの和声的＝調和的（leurs harmoniques）な音と運動と共に延長を駆け巡る」（P, p.109）。ここで出来事の延長的側面を語っている。そして、「諸々の音は、内的諸特徴、つまり高さや強度、そして音色を有する」（P, p.109）とドゥルーズは出来事の内包、つまり永遠的対象について述べる。加えて「諸々の能動的な知覚が相互に表現し合う、つまり相互に抱握をし合うのである」（P, p.109）。ここでドゥルーズによれば「それぞれの音は諸々のモナドないし抱握であり、自らを満たしていく」（P, p.109）のだ。このときドゥルーズの考えるライプニッツのバロック的コンサートの条件では、「仮にこのコンサートで二つの音源に分たれるとしても、［…］それらの音源はよりよく調和（accord）する」（P, p.109）。ドゥルーズの考えるライプニッツのコンサートでは、諸々の音が諸々のモナドだと考えたときに、その諸々のモナドがそれぞれ発する音源が異なったとしても、それらモナドは調和し、コンサートそれ自体における音の振動や周期的運動の「和声的＝調和的な音と運動と共に延長を駆け巡る」のである。しかしながら、コンサートや音をホワイトヘッドのように出来事として捉えたここでの事例では「ライプニッツのバロック的条件に由来する大きな違いがみえる」（P, p.110）とドゥルーズは述べる。とりわけ「抱握は他の抱握を与件として受け取り、その与件とともに一つの世界を形作るからであり、他の抱握を排除するにしても（否定的抱握）、常に同じ過程としての宇宙において排除するからである」（P, p.110）。こうした点でドゥルーズはホワイトヘッドとライプニッツとが異なるという。どういうことか。

本章の3節でみてきたように、ホワイトヘッドにとって、ある出来事が抱握するということは、それ以前の出来事（与件）が抱握したものを抱握することでもあった。加えて否定的抱握をある出来事が行なうと、その否定的に取り入れられることのなかった与件もまた、そのある出来事と同時に宇宙に存在し、その宇宙全体からしてみれば、同じ過程に存在していることになる。それに対して、ライプニッツのモナドはどうか。ドゥルーズはこう述べている。「反対にモナドは、自らの世界と不共可能的な宇宙だけを排除するのであって、実在するすべてのモナドは、排除することなく同じ世界を表現する」（P, p.110）。どのモナドにとっても排除された与件は存在しない。つまりどのモナドもそれぞれの仕方でその内包においてこの世界そのものを表現するのだから、「あらゆる共可能的（compossible）なモナドが一つの同じ世界を包摂する」（P, p.110）。つまり、ホワイトヘッドにとって出来事のうちに含まれない与件は存在しうるが、ライプニッツにとってモナドのうちに含まれない与件は存在せず、モナドはそれ自身「調和 harmonie, accord」しているのである。そうであるから、

ライプニッツにおいて上述したように、諸系列の分岐や発散は、諸々の不共可能的（imcompossible）な世界の境界、そのような世界の間の真の境界を示している。したがって実在するモナドは、現実存在に達する共可能的な世界を総体として包摂している。ホワイトヘッド（そして近代の多くの哲学者）にとって反対に、分岐や発散、そして不共可能性や不調和は、同じ雑多な世界に属する。そしてこの世界は表現的な統一性に包摂されることはありえず、抱

握的な統一性にしたがって、また可変的な配置や、変化する捕獲作用にしたがって、形成され解体されるだけなのだ（P, p.111）。

ドゥルーズの考えるライプニッツ像では、モナドの不共可能的な与件を見定めることが語られている。そうした境界線を引くことで、諸々のモナドがそれぞれの立場からその内包である世界すべてを表現しうることを明確にするのだ。この点においてドゥルーズはライプニッツのモナドに調和という語をあてて考察していた。それに対してドゥルーズの考えるホワイトヘッド像では、ある出来事と不共可能的な与件は存在しうるし、それは後続の出来事が抱握するかもしれないし、抱握しないかもしれない。ドゥルーズ曰く「[…]シーザーはルビコン河を渡り、そして渡らない」（P, p.111）。

こうした議論をしたうえで、バロックとネオ・バロックとの対比を重ねてドゥルーズはこの章を閉じている。ライプニッツにおけるバロック的条件では、諸々のモナドにおける調和が達成されていることをドゥルーズは示していたのではないか。その一方でホワイトヘッドにおけるネオ・バロック的条件では、諸々の出来事における調和が達成されつつも不共可能性が同時に有されていた。そこで「〈バロック〉がなぜ一つの移行状態であるのか、今となってはよく理解できる」（P, p.111）とドゥルーズは述べている。バロックにおいて「不調和（désaccord）」でさえ、それが調和であると述べてしまうことで、「調和において解決される」（P, p.111）。しかし「ネオ・

バロックがやってきて、同じ世界に発散する諸系列が押し寄せ［…］同じ舞台の上に不共可能性が進入してくる」(P, p.112)。ネオ・バロックにとって不調和は不調和のままにとどまり調和した出来事とは別様に存在し続ける。ドゥルーズがライプニッツに重ねて考察している「バロック宇宙は、メロディーラインをぼやかしてはいくものの、調和＝和音(harmonie)において、それして調和によって失われたものを再び獲得するのである」(P, p.111)。しかしその一方でホワイトヘッドに調和が消滅したものを重ねて考察しているネオ・バロック様式は、「調和＝和声に閉じることから多調性(polytonalité)へと開くこと」(P, p.112)への変化をドゥルーズはみてとっている。

ここまでで、ドゥルーズが述べるライプニッツとホワイトヘッドの差異が明確になってきた。それも、とりわけ抱握の否定的な側面を巡ってのことであった。否定的抱握を認めるか否かがドゥルーズにとって共可能性と不共可能性との分水嶺であった。次節では、最後に、より彼らの差異を明確にするために、ホワイトヘッドの抱握についてドゥルーズが述べている箇所に言及する。それはいささか意外かもしれないが、ドゥルーズの『シネマ1』である。というのも、実はこの『シネマ1』の知覚論の文脈で、ホワイトヘッドの抱握が語られているからであり、そこをひもとくことで、よりホワイトヘッド哲学とドゥルーズ哲学の差異が際立つであろう。

6 『シネマ1』から

上述してきたように、ホワイトヘッドの抱握はそもそも知覚に関わる仕方で登場したものであった。ドゥルーズは彼の著作『シネマ1』において知覚論を展開している。さっそく、抱握について言及している箇所をみてみよう。

私たちが物を知覚するとき、そこには、私たちの必要に応じ私たちの関心をひきつけなくなっているものが除かれている。［…］つまり主体性は引き算をするものであり、主体性は、おのれの関心の引かないものを、物から差し引くのである。しかし逆に、そうであるならばまさに、物はイマージュであり、それを理由としておのれ自身を知覚し、おのれ以外のすべてを知覚する。つまり、物は、［…］おのれ以外のすべての物を知覚するのである。［…］要するに、諸々の物と、諸々の物についての知覚は、抱握である。ただし、諸々の物は、対象的な全体的な抱握であり、諸々の物についての知覚は、主体的な偏った部分的抱握である（IM, p.93-94）。

ここでドゥルーズが述べているのは、肯定的抱握と否定的抱握のことであるように思われる。肯定的抱握の理解については、ドゥルーズ独自の解釈がみて取れるかもしれないが、否定的抱握については、容易に理解されよう。まず、ホワイトヘッドの抱握は主体の能動的な経験であったことは確認してきたことである。そして、とりわけ否定的抱握は、諸々の所与を除去できるがゆえに、より主体の権能がより強く働いている。「意識の特徴である否定の明確性はここに極まるのである」(PR, p.274) とホワイトヘッドは述べている。そうであるから否定的抱握は意識的にあるいは能動的に所与を除去していくものだ。この意味で、ドゥルーズの否定的抱握の読みは理解されるべきである。つまり、主体の能動的な抱握として否定的抱握をドゥルーズは語っていることになる。こう述べた上でドゥルーズは、こうした主体の知覚経験が「もっぱら引き算にあるとは考えないでいただきたい」(IM, p.94) と強く否定している。これはいったいどういうことなのだろうか。

主体の能動的な知覚よりもむしろ、ドゥルーズは受動的な知覚経験に比重をおく。この文言の後に、ドゥルーズはベケットの映像作品を分析し[*52]、能動的な主体的知覚ではなく、それをそもそも可能にしているものを引き出そうとする。そこで、彼が述べるのが、「半主体 mid-sujet」である。ドゥルーズはこの半主体について次のように述べている。

＊52　そこでは、ベケットの『フィルム』について、分析がなされている。その『フィルム』は、二人の登場人物の知覚やさまざまな知覚の立脚点（視点）が設定され、ドゥルーズはさまざまな位相でのイマージュを語る。そのうえで彼は、それらすべての視点が前提しているところの普遍的なパースペクティヴを論じる。そこからドゥルーズは、いかなる知覚主体であれ、普遍的なもの（いわば超越論的なもの）を前提していることを導きだそうとする（IM, p.97ff）。

> 登場人物と混じりあわず、かといって外部にあるのでもなく、まさに登場人物と共にあるということ、それは、映画に固有な一種の共存在《ミットザイン》であり、ドス・パソスが「カメラ・アイ」と呼んだ、登場人物たちのあいだに位置しながら身元が確認されない者の匿名の視点である（IM, p.106）。

能動的な主体の知覚経験というよりもむしろ、カメラの知覚は私たちの主体的な知覚でありながらも他の匿名の知覚主体であり、それを半主体とドゥルーズは名づけている。この半主体をパゾリーニの自由間接話法[*53]と結びつけながらこの後に議論を進めていく（IM, p.106ff）。自由間接話法とは、ドゥルーズによれば「ある［登場人物の］言表行為が、他の［記述者の］言表行為に依存している言表のなかで把握される」（IM, p.106、［］内は筆者）ことだ。ドゥルーズはこうした観点から（半）主体を捉え、さらにはこう言葉を紡ぐ。

> 言語活動における主体のそのような二重化あるいは分化は、思想のなかに、［…］再びみいだされるのではないだろうか。［…］〈コギト〉。経験論的主体が世界に生まれるときには必ず、その経験論的主体は超越論的主体のなかで同時に反省され、超越論的主体は経験論的主体を思考し、経験論的主体は超越論的主体のなかで自らを思考する（IM, p.107）。

ここでドゥルーズの主体について述べることができるだろう。つまり、ドゥルーズにとって、主体はあくまで、超越論的なものとのかかわりのなかで考えられるべきものであり、ホワイトヘッドの否定的抱握を強く否定している限りにおいて、やはり受動的な知覚主体に比重を置いている。ドゥルーズの主体とは『差異と反復』以降、超越論的なものを引き受けるものであり、超越論的経験論の主体である。もちろん映画を題材にしているがゆえにカメラを通じた知覚経験ではあるが、彼の経験と主体について『差異と反復』以降、同様の議論をここでみてとることができる以上、ここでの知覚とかかわる経験と主体は、私たちの論じている文脈とは齟齬をきたすものではない。いずれにせよ、ドゥルーズは、抱握とりわけ否定的抱握を論じ、そしてそれを否定し去っているという点で、ドゥルーズの主体性とホワイトヘッドの主体性は大きく異なることが明らかになった。

7　おわりに

ドゥルーズは『襞』六章でなぜホワイトヘッドを論じたのか。ライプニッツとホワイトヘッド

＊53　とりわけ、パゾリーニの自由間接話法（自由間接主観ショット soggettiva libera indiretta）については、例えば浅田彰と四方田犬彦の対談を参照（浅田彰『映画の世紀末』新潮社、二〇〇〇年、三五頁以下）。

の似て非なる調和ないし共可能性と、不調和ないし不共可能性との違いを明らかにすることで、ライプニッツからその後の近代哲学への移行を、そしてバロックからネオ・バロックへの移行を、ホワイトヘッド哲学を通して語っていたのではないか。一九八三年『シネマ1』の時点でドゥルーズはすでにホワイトヘッドの抱握に言及し、そのなかでも否定的抱握を否定した。その上で、一九八八年『襞』でホワイトヘッドのそうした抱握の議論を踏襲したうえで、ライプニッツとの比較を論じていたのだ。ここで、ライプニッツの思考様式から、ホワイトヘッド哲学の思考様式への移行を、バロック的な調和した共可能性から、不共可能性のほうへと、『襞』のなかでドゥルーズはささやかな一つの思考様式の歴史として描いたのではないか。ドゥルーズは『襞』の終わりで、和声のバロック様式、そして多様性と複雑さのネオ・バロック様式、最後に「解決されることのない「諸々の不協和音（déssonance）」について語る（P, p.186ff）。ここでドゥルーズは現代の不協和音の代表的音楽家シュトックハウゼンらに言及しながらこうした音楽の変化をみいだしている。しかしそれでもなおドゥルーズはこう述べている。

私たちはライプニッツ主義者であり続ける……。新たな外観としての新しい折り方を発見するが、私たちはライプニッツ主義者であり続ける。なぜなら問題は常に折ること、つまり折り広げること、折り畳むことだからだ（P, p.189）。

ドゥルーズはこのようにライプニッツ主義を高らかに宣言している。それに対してホワイトヘッドはどうか。彼の哲学にもむろん後継者であるがゆえのライプニッツ主義が色濃く反映されている。後期ホワイトヘッド哲学のライプニッツ哲学の受容については、第Ⅲ部1章にて後述する。

5章　実在について——シャヴィロとハーマンへの応答

新しい唯物論における「新しさ」は、ヒエラルキーやある種のアプリオリな論理学とともに必然的に到来する（アカデミックな）思考の階層化された歴史学を受け入れたり、引き継いだりするようなものではない。新しい唯物論が主張するのは、つまりこのようにヒエラルキー化された特殊化は「溝にはまる」のであり、「人間の生を包括するのに適した抽象に溝などないのだ」ということだ。

——リック・ドルフィン&アイリス・ファン・デア・チュイン[*54]

新しい同盟は、モノとの間にむすばれなければならない。非人格的な力能であり、結氷寸前の海水のように、物体性のモノや昔の人たちが霊力とも聖霊とも呼んだ非感覚的な内包力などが、混成系をなしながら、複雑な全体運動をおこなっている。そういうモノとの間に、人間は真実の同盟関係をつくりあげることが必要なのである。

——中沢新一[*55]

0　はじめに

私たちは出来事を、契機を、存在を、そして事物を語ることができるのだろうか。

本章では、出来事・契機・存在・事物を語るホワイトヘッドの哲学を解釈するシャヴィロとハーマンの議論を検討する。彼らの思考は、ドゥルーズの哲学を取り入れたうえで、ホワイトヘッドの哲学もまた取り入れながら議論を展開している同時代の思想家たちだ。とりわけ思弁的実在論ないし新しい唯物論という同時代の潮流の論者たちだ。前者はホワイトヘッドの「思弁哲学（speculative philosophy）」ないし「有機体の哲学（philosophy of organism）」の議論を中心にドゥルーズ哲学や思弁的実在論と接ぎ木しながら、ホワイトヘッド哲学を現代の哲学に位置づけている。後者は、とりわけ自ら「オブジェクト指向存在論（object-oriented-ontology, 略記OOO）」を提唱している。ハーマンが自らのOOOを展開するなかでホワイトヘッド哲学を扱うのであるが、そうした扱いに対してシャヴィロが議論を展開し、それに対して再びハーマンが応答を試みている。彼らのこうしたホワイトヘッド哲学の解釈に対して、本書で私たちは、検討を加えたうえでホワイトヘッド哲学を論じ、さいごに問題提起をしよう。1節でハーマンの議論へのホワイトヘッド哲学の影響を精査する。2節ではハーマンとシャヴィロの扱うホワイトヘッド哲学に解釈を加え、そこから3節ではさらにハーマンの議論に反論・批判を与える。

＊54　Rick Dolphijn and Iris van der Tuin, *New Materialism: Interviews & Cartographies*, OPEN HUMANITIES PRESS, 2012, p.89.　またドルフィンとチュインが引用しているこのホワイトヘッドの文言については、本書第Ⅳ部1章で論じている。

＊55　中沢新一『緑の資本論』ちくま学芸文庫、二〇〇九年、二一六‐二一七頁。

1 ハーマンのホワイトヘッド

ハーマンは『ネットワークのプリンス』で、自らのOOOと似て非なる哲学潮流として「過程の哲学」や「内在の哲学」の論者を挙げている。ホワイトヘッド、ベルクソン、ジェームズ、ドゥルーズ、セール、シモンドン、タルド、スーリオ、ラトゥール、ステンゲルスの一〇人だ。その一〇人を「学派X（school X）」と名付け、こう述べている。

この学派Xが「過程の哲学」や「内在の哲学」として題された誤読のもとで論じられているとき、ビートニク兄妹（beatnik brotherhood）という誤った意味の帰結がなされる。実際、高次の古典的問題について彼らの哲学のなかで論じられている議論がある。個体的な事物についての孤立（isolation）と混合（interbleeding）といった問題だ。一方の、ベルクソンやドゥルーズといった論者がとる論法は、発生的生成が特殊な諸存在のうちへと結晶化するというものだ。もう一方の、ホワイトヘッドやラトゥールは、諸存在はわずかに変化することで瞬時に消え去るという高次の定義を与えている。前者では、実体はあまりに規定されすぎているために実在とはならない。後者はあまりに規定されていないがために、これまた実在とはならないのだ。[*56]

ハーマン曰く、これら一〇人の思想家たちは、正統な哲「学」者ではないだろう。ホワイトヘッドは数学と物理学に出自を有するし、ジェームズは心理学、タルドは社会学といったように。これら兄妹はこうした意味でビートニク的な非遵法者であろう。[*57] そんな非遵法者であっても、古典的な哲学的問題を扱っている。それは個体が孤立しているか、混合しているか、という問題だ。個体がそれだけで独立しているのは、例えばデカルトが述べるような「実体が存立するためにはそれ以外何ものも必要としない」という立場がある。他にもライプニッツが述べるような「モナドには窓がない」という立場がある。partes extra partes――ある部分はそのある部分を超えて他の部分を有することができるか、という問題系だ。ここでハーマンが述べるのは、ベルクソンやドゥルーズは、ある個体は諸々の要素をそのある個体のなかでまとめあげ、ある個体はある個体として成立する一方で、ホワイトヘッドやラトゥールは、ある個体において、他の個体の要素を含みつつある個体が完成するや否や、そのある個体は消えてなくなるのだという。前者においても個体化は達成されるや否や、その個体は死をむかえ、現実存在する実在ではなくなる。後者は、その個体化の過程が実在と規定されるものの、個体そのものの範疇がアモルフで実在とは言いがたいとハーマンは述べている。こうした実在に対して、ハーマンは自らの実在を「オブジェ

＊56　Graham Harman, *Prince of Networks : Bruno Latour and Metaphysics*, re:press, 2009, p.6.
＊57　明確な定義がハーマンによってなされているわけではないが、彼ら彼女らは、哲学者として、ビートニク兄妹とハーマンによって総称されている。

クト（object）」と呼ぶ。ハーマンのオブジェクトは、ベルクソンやドゥルーズのように個体そのものではあるが、しかしドゥルーズやベルクソンとは異なるように他の個体と関係することはない。しかしながら、こうしたオブジェクトは、かつての主観と客観とが明確に区分けされて認識されるような代物ではない。対象は主観と客観とが共にないまぜになっており、しかしそれは個体であるという立場だ。この点についてはホワイトヘッドも同様であり、後に触れる。メイヤスーはこうした点を「相関主義（correlationism）」を批判するという形で述べている。相関主義は、「主観とのかかわりとは関係なく、私たちは「物自体」の対象を理解することはない」[*58]という立場だ。こうした立場とは異なりハーマンやホワイトヘッドは、主客の分化にとらわれない仕方で個体を語る。またこうした「物自体」を語ることができるようにするために、先の学派Xや思弁的実在論の議論が語られていよう。こうした議論をする者たちとは異なる「現代の哲学者たちは、大いなる外部（Grand Dehors）を取り返しがつかないほどに失ったのだという印象に耳を貸すことはない［…］外部は、私たちに何も関係がない［…］［しかし］私たちが外部を考えようが考えまいが、関係なく、物自体は存在する。［…］それはどこにでも」[*59]とメイヤスーは述べている。

さて、ハーマンの語るホワイトヘッドに戻ろう。ハーマンは、ホワイトヘッド哲学が新しい唯物論ないし思弁的実在論の思考の系譜においてきわめて重要であると述べる。というのもホワイトヘッドは「人間の圏域を超えて探索する」[*60]数すくない思想家の一人だからであり、こうしたホワイトヘッドと同様にハーマンも存在論的な議論を展開するからだ。ハーマンのOOOは、「人間と人間ではない存在とを同じ足場で等しく扱うことができる観点から、世界全体を自由に枠づける」[*61]。彼にとって、「人間は全く特権的ではない」し、「私たちは、人間と人間が理解するものとのあいだの、そして霰の粒とタールとのあいだの関係を同じ仕方で語ることができる」[*62]方法、それがOOOなのだ。

加えて、ハーマンによるホワイトヘッドへの考察がある。つまり、「ホワイトヘッド（やラトゥール）は生成の哲学者とみなすべきではなく、具体性の、個体的存在のそれとみなすべきだ」[*63]（G, p.291）という論調に疑義を呈していく点だ。通常述べられるホワイトヘッド哲学は生成の哲学と呼ばれる。ホワイトヘッド哲学において、個体的存在は関係に還元されることで、その過程が動的な生成の哲学として語られる。こうした論調にのりながらシャヴィロは議論を展開している。しかしハーマンにとって、このように関係に還元されることは彼のOOOとはまった

＊58　Quentin Meillassoux, *Après la finitude, Essai sur la necessité de la contingence*, Seuil, 2006, p.19

＊59　Quentin Meillassoux, *Après la finitude, Essai sur la necessité de la contingence*, Seuil, 2006, pp.21-22.

＊60　Graham Harman, *Guerrilla Metaphysics: Phenomenology and the Carpentry of Things*, Open Court, 2005, p.190

＊61　Graham Harman, *Guerrilla Metaphysics: Phenomenology and the Carpentry of Things*, Open Court, 2005, p.42.

＊62　Graham Harman, *Prince of Networks : Bruno Latour and Metaphysics*, re:press, 2009, p.51.

＊63　Graham Harman, “Response to Shaviro”, Levi Bryant, Nick Srnicek and Graham Harman ed, *The Speculative Turn*, re:press, 2011, p.291.（以下Gと略記）

く異なる。シャヴィロの議論にハーマンは反論していくのだ。そのなかでハーマンは、シャヴィロがホワイトヘッドとドゥルーズを一緒くたに扱っていること、そして生成だけでなく、個体的存在の領域において彼らの思考がまったく異なることを論じていく。こうした議論はシャヴィロが思弁的実在論としてホワイトヘッド哲学を、ハーマンらの議論と比較しながら、両者の思考を「収束（convergence）」[*64]させていくことに端を発する。こうした収束の目論みは、「活火山」と題されたシャヴィロの論文や、その論文が所収されている『事物の宇宙』で詳らかにされている。これに対して、ハーマンは、この「活火山」論文への応答（「シャヴィロへの応答」）を描き、上述の議論を展開しているのだ。

2　シャヴィロ、ハーマンへの応答

シャヴィロとハーマンのこうした議論には首肯できるところとできないところがある。本書では、ここからさらにホワイトヘッド哲学の観点から応答する。

まず、ホワイトヘッドは『過程と実在』で、彼の考える実在についてこのように述べていた。もう一度引用する。

現実的存在（actual entity）——現実的契機（actual occasion）とも呼ばれる——は、世界がそれからなる究極的な実在の事物（thing）である。現実的存在の背後に何かを探してもそれ以上実在的なものなどはない。現実的存在はそれぞれ異なっている。神は現実的存在であるし、遠くの空虚な空間にある現実存在（existence）の些末な塵芥もまたそうである。しかしながら、さまざまな重要さの度合いがあるし、機能の多様性があるのだが、現実性（actuality）が例証する原理においてすべてが同じレベルにある。究極的な事実はすべて同様に現実的存在であるし、こうした現実的存在は経験の雫であり、複合的で相互依存的である（PR, p.18）。

ハーマンにおけるオブジェクトがどんな存在であれ、その地位が与えられているのと同様に、ホワイトヘッドの現実的存在（ないし現実的契機）もまたそうである。この存在とは、以前は「出来事」と呼ばれており、『科学と近代世界』では出来事と契機が同様に扱われる。『過程と実在』では、この出来事という語はほぼ使用されなくなり、現実的存在や契機という語でもって語られるようになる。この点については第Ⅱ部、第Ⅲ部にて後述する。いずれにせよ、ホワイトヘッドの注釈者ワラックの語を借りるのであれば、「何であれ具体的な現実存在（any concrete existent whatever）」[*65]がこの現実的存在ないし契機に割り当てられる。この議論については、第Ⅲ部1章で後述しよう。いずれにせよ、ホワイトヘッドにとって森羅万象は原理的に平等な存在

＊64　Steven Shaviro, *The Univers of Things On Speculative Realism*, University of Minnesota Press, 2014, p.5.

論的地位を有する。そしてそうした個体はすべて実在であり、経験主体である。それぞれが独立しながらも（経験の雫）、しかしさまざまな要素とともに合生する、つまり一つの存在ではあるが、そのなかでさまざまな存在が共生するものだ（複合的で相互依存的）。この「複合的で相互依存的」という点でハーマンのオブジェクトとは異なる。なぜなら、ハーマンのオブジェクトは他のオブジェクトとはかかわりを持たないからだ。だからホワイトヘッドの現実的存在はハーマンからすれば「関係的」なのだ。そしてこうした関係的な点をシャヴィロは「抱握（prehension）」に求める。[*66] ここからシャヴィロはドゥルーズの述べる「潜在性（virtualité, virtuality）」とホワイトヘッドの「潜在性（potentiality）」とを重ねて論じる。こうした潜在性が現実性によって抱握される対象として語られる。むろん、ハーマンはオブジェクトがほかのオブジェクトや、関係そのものとかかわらないのだから、こうした関係そのものとして語られうる潜在性を拒否する。

シャヴィロのホワイトヘッドの扱いにも問題が無いとは言えない。ドゥルーズの潜在性とホワイトヘッドのそれは異なるということをシャヴィロに対して簡単に述べよう。ドゥルーズの潜在性は「理念（idée）」の枠組みでしばしば語られるが（超越論的経験論）、ホワイトヘッドにおいてもそうした側面はないことはない。しかし、似て非なるものでもある。[*67] ホワイトヘッドの潜在性は、現在の現実的存在が未来のそれに対しての与件として語られる。ドゥルーズの潜在性はそれが生成することで現実性へ寄与する一方で、ホワイトヘッドの潜在性は現実性が達成することで生成し、後続の現実性への与件となる。またホワイトヘッドの潜在性は、「実在的潜在性（real potentiality)」と「純粋な潜在性（pure potentiality)」とがあり、前者が現実的存在とともにある「連続体（continum)」や「現実世界（actual world)」ないし、それとしての「与件（datum)」であり、後者が理念に相当する「永遠的対象（eternal object)」である。こうした点はドゥルーズとは重なる部分と重ならない部分とがある。ドゥルーズにとって潜在性は著作によって定義が揺れており、一概に語ることはできない代物でもある。いずれにせよ、ホワイトヘッドにとって、こうした諸々の与件を現実的存在ないし契機が抱握という仕方で取り込むことによって、個体化がなされる。

では、ホワイトヘッドの抱握についてみてみよう。抱握は『科学と近代世界』において初出していた。ホワイトヘッドの言を引こう。

私たちは自然現象の究極的単位としての出来事から出発しなければならない。［…］諸々の相

＊65　F B Wallack, *The Epocal Nature of Process in Whitehead's Metaphysics*, State University of New York Press, 1980, p.23.

＊66　Steven Shaviro, "The Actual Volcano: Whitehead, Harman, and the Problem of Relations", Levi Bryant, Nick Srnicek and Graham Harman ed, *The Speculative Turn*, re:press, 2011, p.281ff., *The Univers of Things On Specurative Realism*, University of Minnesota Press, 2014, p.30ff.

＊67　Motonao Mori, "Expérience et Sujet, la philosophie de Whitehead et de Deleuze, la diffrenece entre ells", *Annals of HUMAN SCIENCES*, 32, 2011. を参照されたい。

の交互性があり、また諸々の相のなすパターンがある。［…］こうして一つの出来事には、［…］それ自身抱握するものとしての出来事と、他の諸々の出来事に抱握されるものとしての出来事がある（SMW, p. 103）。

ホワイトヘッドは中期と同様『科学と近代世界』のときにも出来事を中心に据え、それが抱握し、抱握されるという構図を考えていた。この出来事は先に述べたように現実的存在ないし契機となり、汎心的（pan-psychic）な主体となる。*68 この抱握は prehension という語であるが、そもそも、apprehension の接頭辞 ap を取ったものだ。ap にはラテン語で主観の意識によって対象を限定する意味合いがある。それゆえ把握とは、主観が何かを対象化し、命題の判断や、科学的な判断を可能にするという意味合いをホワイトヘッドは読み取っている。こうした意識的な営為すらも包摂する、より根源的な語として、この抱握という語が、ホワイトヘッドによって編み出されている。つまり接頭語の ap を取り去ることで、主観と対象とを分離して判断を可能にすることを不問にふす。だから意識や高次の判断によって対象を分離して把握するのではなく、むしろ相手と自分とを分離せずに、主観の意識によらず、森羅万象に普く適応できることばを生み出したのだ。ホワイトヘッドによれば、抱握とは自然における現実的存在・契機・出来事・事物が行う営為である。抱握をするとき、私たちを含めたあらゆる存在が原理的に同じ水準にいることが可能である。むろん、人間を特権的にみることなく、他の存在と同じ水準でものごとを物理的にも精神的にも取り入れることが抱握なのである。

この抱握は、ある主体が時間的に同時にある諸々の与件を抱握し、そして他の主体によって抱握されるという交互的な特徴を持っていたことを確認した。次いで、抱握する／される主体や出来事のパターン（後期ホワイトヘッドにおいては永遠的対象）もまた主体に抱握される。そしてこうした抱握することそのものが、主体の「統一化の過程である」（SMW, p.72）。ホワイトヘッドはこの抱握をそもそも知覚経験の文脈で語っており、『過程と実在』においてもそれは継承されている。バークリの知覚経験を批判し、そのうえで、この抱握という語を論じている。むろん、「存在するとは知覚されることである」という相関主義的な言説とは一線を画すことで成り立つのがホワイトヘッドの抱握という主体の経験だ。このような主体が抱握する側面は、『過程と実在』になるとより鮮明になっていく（PR, p.23）。そこでは、抱握しつつある主体と明確に述べて

＊68　出来事に主体性を付与するようになることや、出来事と現実的契機との差異については、フォードをはじめ多くの注釈者が指摘している。例えばLewis S. Ford, "Panpsychism and the Early History of Prehension", *Process Studies* 24, 1995, pp.15-33. において、フォードは出来事から現実的契機になることで、汎心的な主体となると述べている。この点について、Xavier Verler, *La philosophie spéculative de Whitehead*, Ontos / Verlag, 2007. においてグザヴィエが原子性という観点でも語っている。また抱握のホワイトヘッド哲学における位置づけとして、Motonao MORI, "On the prehension—The birth of prehension in *Science and the Modern World*", *Process Thought*, 15, 2012. を、そして応用的な事例として、森元斎「悶え加勢すること」『道の手帖　石牟礼道子』河出書房新社、二〇一三年を参照されたい。

いることもさることながら、この抱握を肯定的抱握や否定的抱握といったようにさまざまに分類がなされていく。肯定的抱握は語から理解されるように、主体が他の所与を肯定的に抱握することである。それに対して、否定的抱握は、主体が自らを統一化（いわば主体化）することに関して、他の所与をいわば無視する仕方で抱握することである。「いくつかは感得され、他のいくつかは除去される」（PR, p.248）。このように、生成しつつある動的な主体は抱握という仕方でさまざまに他の所与を取り入れる（あるいは除去する）ことで、ホワイトヘッド哲学における生成の側面を記述することが可能になる。こうした生成が動的ではなくて何であろうか。しかしながら、ハーマンは、ホワイトヘッドの哲学を「静的」（G, p.300）だとして論難していく。

3　ハーマンへの応答

ハーマンはどういった点からホワイトヘッド哲学が静的だと語るのだろうか。ハーマンは、ホワイトヘッド哲学では、「何も変化しない」（G, p.300）と述べる。ハーマンはホワイトヘッドの哲学図式をこうまとめている。

ホワイトヘッドにとってすべての事物は永劫に消え去る。すべての事物が変化するときに、何も起こらない。ホワイトヘッドは、ある瞬間が次の瞬間へと道を譲るのだという含意に対して

「創造的前進」というぼんやりとした言葉で述べられるような一連の不動の瞬間を考察している。反対に、オブジェクト指向存在論（ＯＯＯ）は生成と出来事の真の哲学だ。流動的諸関係から予めある事物を担保しつつ、私のオブジェクトは新たなオブジェクトへと入り込もうとする。反対に、ホワイトヘッドは真に静的な哲学者だ（G, p.300）。

なるほど、ホワイトヘッドが到るところで述べるように、現実的存在・契機・出来事・事物は生成するとともに、永劫に消え去る。ということは、ハーマンの述べる通り「何も起こらない」。そうした生成消滅が瞬間瞬間に生じ、その意味で結局は静的な考察でしかないとハーマンは言う。それとは反対に彼の考える存在論は生成を考察する動的なものだという。常に、未来のオブジェクトへと現在のオブジェクトが入り込もうとするからだ。しかし、ここにハーマンがさんざん否定している「関係」が現れている。むろんハーマンは完全に関係を捨て去っているわけではない。関係はそれとして、オブジェクトとは別様に存在しているとする立場を取る。しかし、である。ここで別様に存在しているはずのオブジェクトと関係とが、ここでまさに「関係」してしまう。ハーマンは、こうした時間性の議論をハイデガーから触発されて論じていた。そこで論じられているのは以下のような仕方である。つまり、ある状況は過去から与えられており、未来へと開かれる形で当の存在に従ってさまざまに解釈される。いわば、過去と未来は現在によって結びつけられる、というものだ。[*69] 関係を否定しているハーマンもさすがに時間的な関係に絡めとられている。仮に生成を論じる動的な哲学であったとしても、それはオブジェクトのみの「真の哲学」では決してない。その生成を扱える真の哲学とやらは、関係なしに成り立っていない。

次いでハーマンによる「永劫に消え去る」解釈について反論する。ホワイトヘッドの言を引く。

> 現実的存在は、主体的には「永劫に消え去る」が、対象的には不滅である。現実性は主体的直接性を喪失するが、消滅することで、対象性を獲得する。それはその不安定の内的原理である目的因を喪失するが、作用因を獲得する。この作用因によってこそ、創造性を特徴づける拘束性の根拠となる（PR. p.29）。

現実的存在が生成途上の経験主体であり、それが個体化されたときに、経験主体としては「永劫に消え去る」。しかし一方で、現実的存在の対象的側面としては、後続の与件に抱握されるために、消え去ることはない。現実的存在は、常に生成途上であるから、確固とした実体のように安定したものとは異なる。目的因を常に有している。むろん、個体化されることで、その目的因も永劫に消え去る。しかし一方で後続の与件に作用する原因として永劫に残る。こうした過程がホワイトヘッドの述べる創造性でもある。

ハーマンはホワイトヘッドの語りが生成途上の出来事・契機・存在、そして事物であることを忘却している。安定した実体として現実的存在を捉えている。生成途上のものに安定したものなどない。ハーマンの語るオブジェクトが真の生成の哲学であるならば、なぜそれが安定状態なのか。ハーマンは「ホワイトヘッドの永劫に消え去るという考えのオルタナティヴは、恒常的に静的なのではなく、ステファン・ジェイ・グールドの断続平衡説のようなものである」(G, p.301)と述べているが、オルタナティヴでもなんでもなく、ホワイトヘッドの立場こそ「断続平衡説のようなもの」である。ホワイトヘッドの時間論は、前期量子論がモデルになっている。フォードも示すように、出来事というタームから現実的契機（そして後には現実的存在）へと変化した理由に、それ以上分割不可能な素粒子がホワイトヘッドの講義などから緻密に拾い上げられ議論されている。むろん、現実的存在は素粒子そのものではないという立場に本書では立つものの、やはりこうした個体化の議論のモデルには、前期量子論による刹那滅的な素粒子の移行が考えられる。断続平衡説のようなものであり、前期量子論のようなもの、である。むろんそれらはそれぞれ異なった代物だ。しかし形而上学は、存在論は、常に、「ようなもの」ではなかったか。[70] でなければ、森羅万象、原理的に平等な存在として語ることにはならない。宇宙は人間によるアナロジーでできている。その都度その都度生成するとともに、永劫に消え去る。むろんその過程には抱握という仕方で、諸々の与件と関係しながら現実的存在が自らを形成する。そして言うまでもなく、それは確固とした実体ではなく、生成途上の出来事・存在・契機・事物であり、アナロ

＊69　Graham Harman, *The Quadruple Object*, Zero Books, 2011, p.58.

＊70　例えば「存在の類比（analogia entis）」を想起されたい。

ジーであり、抱握＝関係するが故に、生成する。ホワイトヘッドの哲学こそ、真の生成の哲学なのではないだろうか。

4　さいごに

ハーマンたちが思弁的実在論や新しい唯物論をいまさら提唱しなくとも、ビートニク兄妹がすでに存在している。そして何よりも指摘したいのは、ハーマンたちの言説には人間存在は不在だということだ。人間中心主義を脱したいがために、人間のいない未来を考えたいのだろうか。私たちが抱握しているのは自然を構成する一要因たる人間の営為である哲学だ、自然だ、宇宙だ。新しい唯物論や思弁的実在論に人間は不要なのか。

ここで私たちはマルクス（とエンゲルス）の述べる新しい唯物論から大きな示唆を得ることができるだろう。「フォイエルバッハに関するテーゼ」から引く。

10　古い唯物論の立場は「市民」社会であり、新しい唯物論の立場は人間的社会、あるいは社会化された人間である。

11　哲学者たちは世界を単にさまざまに解釈しただけである。問題なのは世界を変えることなのだ。*71

市民とは、傍観者である、臣民である、奴隷である、受け身の主観である。ただのモノでしかない。ハーマンはハイデガーにならって、過去を未来へと現在の地点でまさに「解釈」するだけだ。それに対して、ホワイトヘッドの観点に立脚する哲学の立場では、人間を含めた出来事・契機・存在・事物が社会を変革する、宇宙を変革する、すべからく相互の関係にある、抱握主体がある。これこそ真の生成の哲学である。マルクスならこう言うだろう。ハーマンの思想は、人間性の喪失だ、抽象的だ、地に足が着いていない。放射性物質が拡散し、プラスチックが新種の石となる人新生《アントロポセン》のいま、人間も自然の一部に存在している未来が、そしてそのうえで諸存在が「永劫に消え去る」未来が考えられなければならないのではないか。そのとき措定されるのは、人間性を再獲得し、具体性を再獲得し、そして具体的に地を這う一領域たる出来事・契機・存在・事物なのではないだろうか。ハーマンは現代のフォイエルバッハである。それでは現代のマルクスは？　私たちは出来事を、契機を、存在を、そして事物を語ることができるのだろうか。

　ここまで私たちは足早ではあるが、初期から中期、そして後期へと到るホワイトヘッド哲学の変遷をそれぞれの思想家と比較しながら考察してきた。いずれの時期においても、一貫しているのは、ホワイトヘッド哲学は具体性に軸を据えながら展開された哲学であるということだ。このことから、ホワイトヘッドは具体性を諸々のタームによって補強していくことで、彼の独自の後

＊71　K. Marx, F. Engels, *Marx-Engels Werke*, Band 3, Dietz Verlag, 1969, p.535.

期哲学を産み出していった。

第Ⅱ部では、この後期哲学への変節を探るために、中期哲学と後期哲学の差異や発展の仕方を検討する。同様に具体性が語られていながらも、中期において不十分な箇所や語られ方の変化、そして新たな造語、鋳直しを明らかにすることで、彼の具体性の輪郭を明確にしていこう。

第Ⅱ部　形而上学のほうへ

ホワイトヘッドにとって具体的なものとは出来事である。第Ⅰ部では初期の業績に触れつつ、中期哲学と後期哲学についてラッセル、アインシュタイン、ベルクソン、ドゥルーズ、ハーマン（とシャヴィロ）のそれぞれの思考図式と比較してきた。第Ⅱ部では、中期哲学から後期哲学への変遷のなかで語られている出来事と、それにまつわる諸々の議論を検討する。その出来事とは第Ⅰ部でも確認していったように、生成するものだ。出来事の生成とはいったいいかに語られるのであろうか。ホワイトヘッドはこう述べる。「なによりもまず私たちにとって一般的事実が措定されている。すなわち、何ものかが進行している。つまり、定義を要する契機が存在する」(CN p.49)。第Ⅰ部から連綿と続きつつ、そしてより踏み込んで私たちは語っていくことになる。出来事は生成し、前進し、進行する。きわめて時間的なものである。と同時にそれは延長という仕方で私たちの知覚空間を占有する。その意味で空間的なものでもある。時空的なものだ。第Ⅰ部1章の冒頭でも触れたように、出来事は自然の二元分裂へと陥ることなく、「すべてを包摂するような関係」であり、「ただ一つの自然」として記述されている。ホワイトヘッドにとって一般的な事実として措定され、なおかつ最も根源的なもの、それが出来事なのだ。

第Ⅱ部1章では、この出来事の生成がどのように語られるのか検討していく。これからみていくように、実のところ中期の哲学において生成は機能していないことを指摘する。もちろんホワイトヘッドのいわば原理として据えられている生成を語るために、この機能不全は解消されなければならない。そうであるから、ホワイトヘッドは後期哲学において主体という概念を取り入れていくことで、さらに述べるならば出来事を形而上学として取り扱うようになることで、生成を語ることができるようになることをみていく。次いで2章では、この生成が抱握によって語られることを精査する。生成は進入という対象から出来事へのかかわりだけでなく、出来事から与件や対象とかかわりをもつようになるのだが、その有様を抱握という観点で語るようになる。このとき出来事は主体性を帯びている。主体的な出来事が抱握をすることで生成により形が与えられるようになる。この抱握という概念は『科学と近代世界』で用いられるようになるのだが、この『科学と近代世界』の4章「一八世紀」をこの第Ⅱ部2章で精読することでこの語の誕生をまずは明らかにしていく。

本書の第Ⅱ部第3章では『科学と近代世界』における詩論ともいえる5章「ロマン主義の反動」を読むことで、出来事の具体性を科学との連関で浮き彫りにする。というのも、ホワイトヘッドはこの章で、根源的な直接経験される知覚をも含みうる具体性について触れているからだ。それでは、ホワイトヘッドの中期哲学以降の出来事とそれにまつわる諸々の議論についてみてみよう。

1章　生成と主体

われわれは幸福にも、思考の崩壊を恐れつつ生かされていることを、また死なされていることも既に知っている。われわれは、何者によってその崩壊の様相が握られ、誰の手によって崩壊が徹底的な現実として表れることをこばまれているのか。われわれの生は、くりかえし死に向かう寛容な精神の種族によって握られているのだ。

——土方巽[*72]

0　はじめに

ホワイトヘッドの中期哲学において、自然における出来事の生成を捉えるものとして「感覚覚知」が取り上げられる。にもかかわらず、その概念に対する説明はさほどなされることはない。主体が覚知することについて述べられていないどころか、主体という概念が語られることがない。それに対して後期になると、自然（あるいは宇宙）における出来事（現実的存在や現実的契機）

＊72　土方巽「アルトーのスリッパ」『土方巽全集Ⅰ』河出書房新社、二〇〇五年、二五八頁。

の生成を捉えるものとしての主体は原理として認められるようになる。いずれの時期においても生成が中心的な主題となっているが、そのなかで主体は大きく後期において関わるようになる。そこで本章では、なぜホワイトヘッドは後期になってから主体を原理として認めるようになったのか、という問題を生成と関わらせながら論じることで、ある一定の解答を獲得することを目指す。

本章では、生成と主体を相関的に考察し、まずはじめに中期哲学の著作である『自然認識の諸原理』『自然という概念』での自然における出来事の生成と、それを捉える感覚覚知を取り上げる。そして出来事を構成するうえで重要な進入という概念について論じる。ついで後期哲学の著作である『過程と実在』での自然（宇宙）における出来事（現実的存在・契機）の生成と主体を考察することで、ホワイトヘッド哲学の生成概念を十分に論じるためには主体も生成していなければならない、という解答を導き出す。

1　『自然認識の諸原理』における出来事と生成

中期ホワイトヘッド哲学において、彼は自然を主題として扱っている。第Ⅰ部2章でも引用したがもう一度引く。「自然には、いわばたがいに相容れず、しかもたがいに本質的な二つの側面が存在している」と述べて、「一方の側面は創造的前進における発展、つまり自然の本質的生成性」そして「他方の側面は事物の永続性、つまり自然が再認されうるという事実」を挙げ、「かくして、自然は常に新しくも古くもない諸々の対象と関係している新しさなのである」（PNK, p.98）と語る。この文言が意味しているのは、自然の二つの側面、つまり自然が新しさに向かって創造的に前進し生成すること、そして、その新たに生成している自然に関わる永続的な諸々の対象が存在していること、であった。この二つの側面は共に、彼の中期哲学だけではなく、後期哲学においても一貫して論じられている主題でもある。ホワイトヘッドにとって、前者、つまり自然が前進し生成することとは、その都度捉えられ認識される具体的な出来事が常に前進し生成する側面であり、後者、つまり自然が再認されうるということは、具体的に捉えられる出来事から、抽象的で科学的な対象として再認され理解される側面である。そしてこれらの具体的な出来事と抽象的な対象とがたがいに関わるという自然観を、ホワイトヘッドは本質的であるとして提示している。

中期のホワイトヘッドは、具体的な出来事を捉えることから出発して、それを抽象化することで永続性を再認する方法、つまり物理学や数学や概念といった諸々の対象を獲得する方法について多くを割いていた。例えば、ホワイトヘッド自身は、延長的抽象化の方法と題して自らの体系のなかで考察している。しかしながら、前者の自然の新しさに向かう創造的前進については、ここで自然の本質的な二つの側面のうちの一方の側面と明言しているにもかかわらず、彼の中期哲学のなかではあまり語られていない。そこで本稿では、まず中期哲学のなかでのこの前者の側面についてみていくことにしよう。

ホワイトヘッドにとって、自然の認識の出発点は出来事であり、それを捉えるものは感覚覚知である。まずは、彼の哲学のステップを踏んで一九一九年に刊行された『自然認識の諸原理』からみていくことにする。

私たちの知る自然は、直接的に現存する連続的な流れであり、それは、私たちの知覚的な覚知によって多様な質をもったばらばらの出来事へと部分的に分解される。すなわち、私たちがその部分の質を識別しなくても、それが現に存在することを感じさせるような不定の「超えたもの（beyond）」が常に存在するのである（PNK, p.69）。

私たちが知ることのできる自然は、直に現存しているものである。それが出来事であり、その出来事を覚知[*73]によって、さまざまな出来事へと弁別することができるという。例えば今私が目にしているのは、諸々の白と黒のものがあることである。そこで、白い壁紙、白いモニター、黒いキーボード、黒いスピーカーといったように、覚知の所産によって分解され、識別が可能になっていく。こうした諸々の部分的な出来事は、常に他のものを超えて存在している。というのも、モニターもキーボードも、私の家のなかに含まれているからだ。この家も三軒続きの町屋という建物のなかに含まれているとする。そしてこの建物は……といったように、際限なく、つまり不定のを超えたものが存在するのである。そうした越えたものは私たちが今モニターとキーボードを主に知覚しているので直接みることはできないものの、それを考えることはできる。「識別的知覚を超えたもののこうした認識は外在性（externality）に関する科学理論の基礎である」（PNK, p.69）。外在性を理解するためには、直に現存しているものだけではなく、そこから派生した、当の出来事を超えたものをも認識しなければならないだろう。そのためにホワイトヘッドは主として三つの外在性の条件を定めている（PNK, p.71 以下参照）。それは(i)当の出来事と、(ii)延長関係、そして(iii)絶対的位置である。(i)はすでにみたように、出来事をなによりもまず捉え、そして弁別していくことである。(ii)は先に少し言及した含み／含まれる延長関係である。このことについては後述する。(iii)は覚知するものが、絶対的に静止していることである。議論の都合上、まずは(iii)の絶対的位置からみてみよう。(iii)の絶対的位置は、覚知するものが絶対的に静止していることであると述べた。どういうことか。流れとして私たちに捉えられた自然は、諸々の出来事へと覚知によって弁別されると先の引用でホワイトヘッドは述べていた。そしてそこから永続性を抽象化し再認するのであるから、覚知するものが当の出来事と連合することで、まずは固定されなければならない。そのように固定されることが絶対的位置なのである。このように絶対的位置として出来事と覚知するものが固定されることで、出来事をさまざまに弁別可能にし、永続的な対象を

＊73　『自然認識の諸原理』においては、感覚覚知という語は導入されていない。後述するように、その語は『自然という概念』において初出する。

抽象化することが可能になるのである。

次いで(ii)の延長関係についてより詳細にみてみよう。彼はそれについて次のように述べている。

> 出来事 x は出来事 y を「超えて延長している」かもしれない。言い換えれば、y は x の部分であるかもしれない。主として時間空間の概念は、完全ではないにせよ、この延長関係の経験的に決定された特性から生じる（PNK, p.73）。

ある出来事が他の出来事を超えて延長しているというのは、先に述べたように、この家はモニターやキーボードを含み、逆に述べればモニターやキーボードはこの家に含まれている。ここで含む／含まれるということが、延長関係である。つまり部分的な出来事であるモニターは、それを含んでいるところのこの家に超えて延長されており、家はモニター超えて延長しているのだ。ここまでは先に論じてきた。そしてさらに、このような出来事の延長関係から、時空の概念が生じるという。これもまた延長関係である。どういうことか。「車の出来事は街路の全生活の部分であり、車輪の通行もまたその車の通行という出来事の部分である」（PNK, p.75）。車は街路という全体的な出来事の部分である、という空間的なことだけでなく、車が走り、その通行という（動くという）時間的なことにさえも、ホワイトヘッドは延長関係を措定しているのである。つまり、出来事は時空的な延長関係であるのだ。出来事には常に空間的な側面だけではなく時間的な側面が存在していることになる。例えば、このモニターも、私が何かをキーボードでタイプするたびに、空間的に文字が増えたり消えたりしていく。そしてその文字は時間をともなって削除されたり増えたりしていく。文字列の空間的配列は時間的変化をともなっているのだ。あるいは、このモニターも一個の固い存続物にみえるものの、分子レベルでみてしまえば、常にさまざまな分子が行き来している。時間的経過をともなって分子が行き来することによって、存続的にみえるこのモニターも空間的体積の増減があり、これもまた時空的な出来事なのである。こうした推論をホワイトヘッドは延長関係として述べている。

この延長関係に基づいて、「時間や空間といったさまざまな要素が「延長的抽象化の方法」を繰り返し適応することによって形成される」（PNK, p.76）。先にも述べたように、具体的な出来事からこの延長関係を導出し、さらにそこから、部分的な出来事を規定している持続によって時間が、そして抽象的集合によって空間が、抽象化され導出されていく。[*74] 具体的な自然である出来事から、抽象的な時間や空間や概念を導出することで、私たちの具体的な自然には、抽象的な諸々の対象が関わっていることを知らせてくれるだろう。しかしながら、時間や空間や概念は、具体物から派生的に知ることのできる抽象的対象であり、具体的な自然そのものではない。抽象的対象を導出するだけでは、具体的な自然が創造的に前進している、つまり生成している側面を記述していることにはならない。もちろん、抽象化された諸々の対象を再認することで新しい（とさ

＊74　『自然認識の諸原理』においてであれば、PNK, p.97ff. 参照。

れる）出来事は、以前の出来事（とその対象）と比べられることで、新しい出来事である、と理解されるかもしれない。そのように考えれば、新たな出来事が生成したということは確認できるだろう。しかしながら、こうした見解では出来事の生成したことは語れても、当の出来事の生成そのもの、つまり出来事の生成しつつあることは語ることができないように思われる。

ここで、出来事から対象への図式ではなく、出来事そのものの生成についてさらに検討してみよう。ここから一九二〇年に刊行された『自然という概念』へと移る。なぜなら、『自然認識の諸原理』は、主に先に述べた延長的抽象化の方法や、時空の物理学的な定式化について考察された書物であり、生成については、冒頭に引用した文言でしか語っていないからだ。

2　『自然という概念』における進入と感覚覚知

とはいえ、『自然という概念』におけるホワイトヘッドもまた、出来事の生成について、決定的な文言を残しているわけではない。ここで、そもそもなぜ、具体的な出来事から抽象的な対象が導出できるのかを考えてみる。そうすると、対象がそもそも出来事に内在しているがゆえに、それを導出できるのではなかろうか、と考えることができる。こうした観点に立つようになったのが『自然という概念』からであり、そのなかで初めて出来事から対象への抽象化の側面だけではなく、抽象から具体への側面について考察されている。『自然という概念』になるとホワイトヘッドにとって、抽象的な時間や空間や概念などの対象はそもそも「ある出来事の性格の構成要素である。実際、出来事の性格とは、それを構成する要素である対象にほかならず、また対象を出来事のなかへ進入させる仕方なのだ」（CN, p.143-144）。『自然認識の諸原理』とは異なり『自然という概念』では、進入という考えが導入されている。

対象は出来事に内在しており、延長関係の含み／含まれるという関係とは異なる。そしてその対象が出来事を性格づけているという。どういうことか。出来事は直接的に捉えられ生成している何ものかであるが、それを規定している本質的な性格は、対象の「永続性」（CN, p.144）である。例えば、私がいま具体的に捉え認識している出来事としてのモニターに内在している抽象的な「モニター」という対象は、あなたの出来事としてのモニターに内在している抽象的な「モニター」であっても良い。つまり、抽象的な「モニター」という対象そのものは、AさんのモニターであれBさんのモニターであれ、「モニター」である。それは永続的な対象であるのだ。それに対し、先にも述べたように、具体的な私の出来事としてのモニターは、分子レベルなりさまざまな水準で時空的に移行している。つまり、出来事モニターには具体的移行として生成し前進していく側面と、抽象的な対象としての永続的な側面があるだろう。「モニター」という対象は、「再現する」自然の要素なのだ」（CN, p.144）。つまり、「モニター」という対象は、どんな所有者でもいつでもどこでもそれはモニターなのである。こうした対象が出来事に内在している仕方をホワイトヘッドは進入と呼んでいる。つまり、具体的な出来事から抽象的な対象への方法が延長的抽象化であるならば、その逆である抽象的な対象が具体的な出来事に入り込んでいることを進入と呼んでいるのである。この考えは『自然という概念』になって初めて導入されている。それでは、進入についてみてみよう。

対象の出来事への進入は、出来事の性格が、自らをその対象の存在によって形成する、という仕方である。つまり、出来事が何であるかということは、対象が何であるかということである。そして［…］この両者間の関係を「対象の出来事のなかへの進入」と呼ぶ（CN, p.144）。

対象が出来事に進入することによって、出来事は形成されていくという。例えるならば、出来事は、何もそれを規定するものがなければ、カントの物自体のようなものかもしれない。しかしながら、出来事は対象が進入することよって出来事になる。何ものかでしかない出来事を規定するところの対象がなければ、出来事は出来事として生成しえない。こうした対象が出来事を規定していることを進入とホワイトヘッドは呼んでいる。ホワイトヘッドによれば、出来事の延長関係ですら、私たちの推論の所産であるのだから、出来事を捉えた刹那には、私たちは、ただの連続的な世界しか認識していないだろう。そしてこうしたそれだけでは何ものでもない出来事に対象が進入することによって、出来事の性格が形成される。「対象が何であるかということは、出来事が何であるかということも等しく正しい。自然というのは、出来事のなかへの対象の進入がなければ、いかなる出来事もまたいかなる対象も存在しない」(CN, p.144)。このように、前進し生成する流動的な出来事を永遠的な対象が規定するからこそ、出来事が何であるのかが理解されそれが明瞭に生じるように思われる。

ところで、こうした出来事であれ、対象であれ、それを認識可能にしているものは何であるだろうか。冒頭に出来事を捉えるものは感覚覚知であると述べた。『自然認識の諸原理』では、出来事を捉えるものは、先の引用で登場した知覚的な覚知や、たんに覚知、あるいは観測者などとさまざまに呼ばれていた。『自然という概念』になると、出来事を捉えるものは、感覚覚知と呼ばれ、言葉は少ないもののホワイトヘッドはそれを語る。ホワイトヘッドはその感覚覚知について次のように述べている。

かくして、感覚覚知にとっての窮極的事実とは一つの出来事である。この全体的な出来事を私たちは部分的な出来事へと弁別していく。私たちは、自分たちの身体的生である出来事、この部屋の内部での自然の流れである出来事、さらにはぼんやりと知覚された一連の他の部分的な一連の出来事を覚知しているのである。このことがまさに、事実をその部分へと感覚覚知において弁別することなのだ(CN, p.14)。

ホワイトヘッドにとって何よりもまず前進し生成する出来事があることで感覚覚知がそれを捉え

る。「何の変化もない自然は捉えることもみることもできない」(CN, p.14-15)。感覚覚知は、出来事をその部分へと弁別することができ、先にも述べたような延長関係や延長的抽象化といった推論ができるようになる。このように認識するものを彼は感覚覚知と呼んでいる。これについての議論は『自然の概念』になって明白に導入されている。そしてこの感覚覚知は、もちろん私たちに備わっているものであり、これが出来事を捉える。感覚覚知があるからこそ、延長的抽象化を可能にし、それによって出来事に進入していた対象が理解される。しかしながら、生成する出来事を捉えそれを弁別し始めるや否や、絶対的位置が固定され、そこから諸々の永続的な対象が導出される。それゆえ、出来事の流動的な生成は、固定されてしまい、当の生成しつつあることではなく、生成したことを認識することになる。感覚覚知が当の出来事とその対象を再認するのは事後構成的なことなのである。

前進しつつある、つまり、生成しつつある出来事そのものはいかにして捉えられるのであろうか。冒頭にも述べたように、ホワイトヘッドにとって、生成は自然にとって本質的な一つの側面であり、それを記述することがホワイトヘッドにとって課題であったのではないだろうか。

確かに、感覚覚知によって出来事を捉えることで、出来事の生成したことは理解できるだろう。なぜなら、新たに捉えられた出来事に内在している対象を事後構成的に延長的抽象化によって導出することができるからだ。しかしながら、対象が出来事から導出可能であるということは、そもそも対象が出来事に内在していなければならないし、そもそもその対象が出来事に進入していなければ、出来事が生成しつつある様を理解することもできない。感覚覚知が捉えた出来事は、そもそも弁別されながらも生成しつつあるだろう。しかしながら、そこから永続性へと抽象化するということは、出来事の流れをとどめてしまい、結局は、今現に生成しつつある出来事の認識を放棄してしまうことにならないだろうか。

　整理しながら考えてみよう。出来事は感覚覚知によって捉えられる。その出来事には抽象的な対象が内在している。その対象は抽象的なものであり、出来事を形成する性格であった。出来事に進入している対象を捉えるためには、延長的抽象化によって事後構成的にしか捉えることはできない。出来事は対象に進入されることで、生成の様がわかるようになるのだが、そうした有様を感覚覚知は事後構成的にしか捉えることができない。またこうした私たちの感覚覚知は、生成し動いている自然に対して、静止しているのである。しかしながら、出来事とともに、覚知する私たちも身体的な出来事であるのだから、覚知する私たちも生成しつつあるのではないだろうか。

　しかしながら、中期のホワイトヘッドは、こうした問いには答えることはない。覚知するものは絶対的位置を有しているのである。

　生成が本質的な自然の側面であるにもかかわらず、身体的出来事を考えるや否や、それを覚知するものとそれに付随している身体は、一方は絶対的に固定され、一方は前進し生成する。つまり認識するものとされるものとで、いわば静止／運動の図式ができるといえよう。物理学的な観測基準系を考えれば当然かもしれないが、それでは認識するものの生成はどのようにして捉えられるのであろうか。
中期のホワイトヘッドはもちろん、主題として「私たちは注意を自然そのものに限り、感覚覚知に開示された存在を超えて先へ進まないことにする」（CN, p.28）と述べている。またホワイトヘッドはこのようにも述べている。

私たちは認識するものと認識されるものの総合を形而上学にまかせよう。しかし、もし本書『自然という概念』の発展の方向を理解しようとするならば、この点について、より一層掘り下げた説明と弁護が必要になる（CN, p.28）。

中期ホワイトヘッド哲学は、自然という外的所与のみを研究の的としていたので、主体の生成について考察するべきではなかったのだ、と考えていたように思われる。なぜなら、どこかで固定した位置を担保しなければ、科学で扱われるような確実性をみいだしえないであろうからだ。当のホワイトヘッドは自らのこの時期の哲学を、形而上学とは呼ばず、「自然哲学」（CN, p.30）と呼んでいる。自然哲学はイギリスにおいて、ニュートン以来、物理学をはじめとする自然についての哲学であったことは言うまでもない。事実彼は『自然という概念』の二年後に、アインシュタインとは異なる重力理論を定式化する。しかしながら、ホワイトヘッドのこの時期の哲学的態度では、生成について明瞭に語ることは実は不可能であり、なおかつ生成を捉えている主体の生成についても述べることがない。彼の自然観の本質的な側面である生成を十分な仕方で語ることはないのである。

この哲学的態度のおよそ一〇年を経た後に、彼は形而上学を展開する。それが主体を原理的に認める後期の哲学的態度である。また彼は中期の『自然認識の諸原理』の第二版が一九二四年に刊行されたさいに、「私は近い将来、〔…〕〔中期の〕見地を完全な形而上学的研究に包括することを望んでいる」(PNK, preface to second edition) と述べていたことを想起されたい。次節では、生成を十分な仕方で語ることを可能にするために、また主体の生成が述べられていることを確認するために、彼の哲学の大成ともいえる後期形而上学をみてみよう。そして、このことをみることで、なぜホワイトヘッドが主体を明確に認めるようになったのか、つまり生成を語ることが可能になる条件としてなぜ主体が語られるのか、がより明瞭に理解されるようになるだろう。

3　『過程と実在』における生成と主体

後期ホワイトヘッド哲学も中期のそれと同様に、生成が主題である。ホワイトヘッドは『過程と実在』のカテゴリーのなかで、次のように述べている。

現実世界は過程であり、この過程は現実的諸存在の生成であるということ。このような現実的諸存在は被造物であり、「現実的契機」とも呼ばれる（PR, p.22）。

中期と同様に、この世界は諸々の現実的な存在は生成であるとしてカテゴリーのなかに記述されている。ここで、注意しなければならないのは、現実的存在（と契機）という術語である。これは通常の物質的な意味での存在のみを表現しているのではない。このカテゴリーの別のところでも述べているように、「現実的存在――現実的契機とも呼ばれる――は、世界がそれから構成されている究極的な実在的事柄である」（PR, p.18）。つまり、私の出来事であれ、いまどこかで起こっている他の出来事であれ、モニターであれ、精神であれ物質であれ、何であれ現実的存在なのである。例えば、ホワイトヘッドが例として挙げた現実的存在（現実的契機、出来事）をワラックは次のように列挙している。

神、瑣末な一吹きの存在、一羽の鳥、一匹の野獣、一本の木、一本の草、一枚の葉、一羽の鳥、一頭の羊、一粒の砂、母親についての子どもの観念、太陽、ソクラテス、可死的契機、アテネ的契機、シーザー、ルビコン川、シーザーがルビコン川を渡ること、ハンニバル、電子的契機、陽子的契機、エネルギー量子、人間身体の諸器官、神経細胞、エディンバラの城の岩、古代ローマ帝国、ヨーロッパ、北米におけるヨーロッパ人種の歴史、スペインのカリフォルニア支配の失敗、スペインのイングランド支配の失敗、地質学で論じられる事柄、シェイクスピアのソネット、バッハのフーガ、講堂、ビルディング、マサチューセッツ州のケンブリッジ、地球の表面、地球、太陽系、星雲、星雲系、生きる契機、聞き手、究極の知覚者、直前の過去の私たち自身、私たちの直接の現在、自我、霊魂、心、ギリシャ語についてのある人間の知識、人間の知っている契機、人間の知らない契機、人間的経験、下級の有機体、いわゆる「空虚な空間」における契機、存続する生きていない契機、原子的有機体、動物の契機、植物の契機、細胞の契機、大規模な無機的自然の契機、分子以下の出来事（ENP, p.28-29）。

なんであれ、現実的存在であることが理解されるだろう。とにかく、無機物であれ、有機物であれ、それ以外であれ、ホワイトヘッドにとってすべてが現実的存在であるのだ。またこの現実的存在は出来事とほぼ同義である。[*75]

ホワイトヘッドは「「生成」は新しさへの創造的前進である」（PR, p.28）ともカテゴリーで述べている。現実的存在はその都度の新たな世界の構成要素である。中期でも本質的側面の一つとして新しさや生成が記述されていたのであるが、後期においても生成がカテゴリーのなかで記述されているがゆえに、彼の一貫した主張であることが理解される。また、対象と同様の術語

＊75　この点については、本稿の第Ⅲ部1章で後述する。先取りして述べるならば、出来事と現実的存在（契機）はほぼ同義であるものの、いくつかの点で異なる。出来事は延長関係によって分割可能であるが、現実的存在（契機）はそれ以上分割不可能な原子的（atomic）なものである。

もカテゴリーのなかで論じられている。それを後期のホワイトヘッドは「永遠的対象」(eternal object) と名づけている。さらに、中期で進入が語られていたのと同様に、次のように述べている。

ある永遠的対象は、現実的存在の生成へと「進入」するためのその潜在性 (potentiality) によってのみ、記述されるということ。[…] それは純粋に潜在的なものである。「進入」という用語はある永遠的対象の潜在性が、特殊な現実的存在の規定性に寄与しながら、そこに現実化される特殊な仕方に、関連している (PR, p.23)。

出来事・対象が現実的存在 (契機)・永遠的対象として術語が取って代わったものの、ここで論じる限りでのそれらの術語の変化に対する注釈は必要ない。[*76] しかしながら、永遠的対象が現実的存在に進入することで、生成の側面が記述されると明言されている。中期では生成はいったいいつ起こっているのかは明白ではなかった。それに対して、後期では進入が生成の側面であることがここで描かれている。

ところで、後期形而上学において、主体は原理として語られていると前述した。それはどのような仕方で語られているのであろうか。後期の主体についてみてみよう。

ホワイトヘッドによれば、主体主義的原理は次の三つの前提からなるという (PR, p.157-158)。

(i)「実体‐属性」概念を、究極的な存在論的原理を言い表すものとして受け入れること。(ii)常に主語であって決して述語にはならないものとしてのアリストテレス的第一実体の定義を受け入れること。(iii)経験主体は第一実体だとする仮説。(i)の実体‐属性概念は、常に性質が実体に内属して表現されるということである。(ii)のアリストテレス的実体は、二つの排他的クラスを分け持っているということである。つまり、アリストテレス的に述べるなら普遍と特殊であるのだが、ホワイトヘッドは普遍と特殊という区別を採用せず、永遠的対象と現実的存在とをそこに当てはめている。そして、(iii)から主体は現実的存在であるということが理解される。ここで、中期哲学との違いが現れてきている。ホワイトヘッドは、中期では主体的なものを感覚覚知あるいは覚知するものとして取り上げていたのに対し、後期では主体を原理としてはっきりと認めている。またホワイトヘッドは、中期では主体的なものは絶対的に固定されていたと考えていたのに対して、後期では主体が現時的存在であるのだから、それ自身生成するものであると記述していることになる。

もちろん、主体である現実的存在にも永遠的対象は潜在性として進入する。そして、出来事から現実的存在に取って代わり、その現実的存在そのものが、主体であるという。そうしたいわば

＊76　むろん、本稿で論じる限りでは必要がないだけであって、より個別にみていけば諸々異なる。例えば、中期では論じられていなかった「神」については、とりわけ『過程と実在』第5部第2章で、そして「実在」については、とりわけ『過程と実在』第2部第2章で、それぞれ永遠的対象に付与されて論じられている。

主体的出来事が現実的な存在であり契機であるのだ。「私」というが視点が、出来事に織り込まれ、なおかつ（永遠的）対象が進入している、という立場に変貌している。中期では対象が出来事へ進入し、そしてそれによって生じた（であろう）出来事から対象を抽象化することによって、新たな出来事が認識されるのではないかと私たちは検討してきた。しかしながら、後期では永遠的対象が進入することで現実的存在が生成しつつあるのはもちろんのこと、それに加え主体的出来事である現実的存在は一つの主体であるというのだ。その現実的存在が世界の生成しつつある構成要素であるならば、「私」が世界の生成の一翼を担っているとでもいえるだろう。中期哲学では、出来事が生成しつつあることや、感覚覚知や覚知するものの生成ついて明確には語られていなかった。それに対して、主体を原理として認める後期哲学では、主体としての出来事が丸ごと生成しつつある、ということになる。そしてその性格は当の現実的存在を規定している永遠的対象について検討を行うことで、生成そのものを記述することができるようになる。いわば、出来事／対象／感覚‐覚知のトリアーデから、現実的存在／永遠的対象という構図に変貌しているのである。ホワイトヘッドは次のように述べている。

有機体の哲学（organic philosophy）によって採用される改変された主体主義原理は、相対性原理（principle of relativity）（説明の第四のカテゴリー）のもう一つの言明に過ぎない。この原理は相対性がすべての「生成」にとっての潜在的なもの（potential）であるということが、

「存在（being）」の本性に属していることを言明している。それゆえ、あらゆる事物は現実的契機をそのものたらしめるものとみなされるべきである。説明の第九のカテゴリーによれば、現実的存在がいかに生成するかということは、その現実的存在が何であるかを構成する。この原理は真なる事物（res vera）の存在がその生成によって構成されることを述べている。一つの現実的存在が他の存在によって資格を与えられるのは、主体としてその現実的分析によって享受（enjoyment）される現実的世界の「経験」なのである。主体主義的原理とは、全宇宙が主体の経験の分析のうちに明らかにされる要素からなる、ということだ。過程は経験の生成ということだ。その結果、有機体の哲学は、近代哲学の主観主義的歪みをそのまま受け入れる（PR, p.166）。

まず後期になるとホワイトヘッドは自らの哲学を有機体の哲学と呼ぶようになる。この語の由来はまったく定かでなく、唐突に使用するものではあるが、意図は明白である。ホワイトヘッドにとってすべては現実的存在あるいは現実的契機である。そしてそれらが主体的に生成する。そうであるから諸々の現実的存在や現実的契機は有機体のように動く、ということだ。そして相対性原理について。ホワイトヘッドにとって後期のこの語はアインシュタインにとってのそれとはまったく異なる。ここでも述べている通り、あらゆる現実にある存在は、生成し蠢くのであるから、次の瞬間のあらゆる存在にとって、当の存在は潜在的であるということだ。その意味で現実と潜在の相対性という意味でホワイトヘッドはこの語を使用している。これは『過程と実在』の冒頭に列挙される第四のカテゴリーでも述べられている。さらに第九のカテゴリーでは現実的存在がいかに生成するのかということは、その現実的存在が何であるかが問われることになると述べられている。現実の主体的な現実的存在や現実的契機がどういった永遠的対象によって進入されているか、そして次の章で述べることになるのだが、主体的な現実的存在や現実的契機がどのように与件や永遠的対象を抱握するかによってこれは分析される。こうした現実的存在や現実的契機はデカルトが述べる意味での「真なる事物」として、つまりこの宇宙の実在として私たちに理解される。このように現実的存在や現実的契機が私たちに理解されるということは、それぞれの主体がそれぞれ経験をすることであるとホワイトヘッドはここで述べている。そうであるから、この宇宙は主体としての現実的存在や現実的契機から構成され、それらを分析することでこの宇宙の仕組みがわかる。むろん、このときこの宇宙は、そしてそれを構成する現実的存在や現実的契機は常に創造的に前進し、この宇宙の過程として語られる。主体主義はこのよう改変された仕方でホワイトヘッドによって原理に据えられているのだ。だから「結局、改変された主体主義が繰り返されなければならない。主体の経験から離れては、何もない、何もない、何もない、むき出しの無があるだけだ」(PR, p.167) とまで述べる。

中期のホワイトヘッドの立場では、対象の出来事へ進入することや、出来事が感覚覚知にその都度認識されることで、その都度新しく生成したであろうことが述べられていたのであるが、後期のホワイトヘッドの立場になるとより生成しつつあることが明瞭に語られるようになる。そして次章でも触れていくように、主体的出来事が与件や対象を取り入れていく抱握によって生成がより明瞭に語られるようになる。そしてこうした対象と存在、あるいは潜在と現実が共にホワイトヘッドの考える世界である。その出発点が主体であり、そしてそれを基盤にしている彼の哲学が、有機体の哲学である。こうした考えを出発点にして、彼は『過程と実在』の副題でもあるコスモロジーの試論、つまり形而上学的な宇宙論を展開している。

4　まとめ

ホワイトヘッドの哲学の主題は一貫して生成であることを確認してきた。まず1節では『自然認識の諸原理』において、自然における出来事の生成は彼が考える自然の本質的側面の一つであるということをまず確認した。そして覚知するものの絶対的な固定や延長的抽象化について論じられていることをみた。そして2節では対象から出来事へのラインとしてこの書物で進入という概念が導入されていることをみてきた。そしてそのことが生成であるのではないかということを確認した。さらに、出来事であれ対象であれ、認識を可能する感覚覚知についても論じた。そこでは感覚覚知も身体的出来事にともなっているのであるから、それ自身生成するのではないか、ということを指摘した。3節では後期の『過程と実在』をみることで、中期での生成の問題をより明瞭にするために主体そのものについて検討した。後期になると、主体が出来事に織り込まれた現実的存在という生成しつつあることそのものを原理やカテゴリーのなかに描かれていることをみてきた。そこでは主体が生成しつつあるものであり、その主体においても対象が進入することを確認してきた。

まとめよう。中期哲学では、感覚覚知を認めながらも、それ自身は生成するというよりもむしろ絶対的なものであり、それゆえ、ある種の主体である感覚覚知やそれによって生成を捉えることが曖昧な仕方でしか語ることができなかった。つまり、彼の哲学にとって生成は本質的な自然の側面であるにもかかわらず、その生成を語ることを可能にするものが棚上げされているのである。それに対して、後期哲学では、現実的存在という主体的出来事を採用することで、生成そのものを丸ごと語ることが可能になった。本稿では、このようにして、こうしたホワイトヘッドの生成の哲学は後期においてより明瞭に語ることができるようになったという帰結が得られた。対象から出来事へ、あるいは永遠的対象から現実的存在ないし現実的契機へ、という本章までの議論とは異なり、次章では、出来事が対象を、現実的存在ないし現実的契機が与件や永遠的対象を取り入れることで、ホワイトヘッドが生成について輪郭を描いていく様をみてみよう。抱握について、である。

2章　抱握について
――ホワイトヘッド『科学と近代世界』における抱握概念の誕生

私たちの要求は、私たちに肉体的反応を起こさせると同時に知性を緊張させる。言葉の両端となるこれらに挟まれたかたちで話す。純粋に肉体的表現というものはありえないし、またそれを分離して純粋に知的表現というものもありえない。いつも私たちのおしゃべりはその両方に挟まれている。――森崎和江[*77]

0　はじめに

ホワイトヘッドが具体的な出来事や現実的存在ないし現実的契機の生成を語るさいに、最も中心的に使用される語が抱握である。この抱握とは、「主観」的な意味合いが抜かれ、「主体」的に（永遠的）対象や与件を取り入れていくことだ。

さて、ホワイトヘッドは『科学と近代世界』（一九二五年）においてこの語を生み出したので

＊77　森崎和江「女のことば――その開拓の方向について」『無名通信』第一九号、一九六一年。

あるが、この「ぎこちない用語（awkward term）」（SMW, p.72）はなぜ生み出されたのであろうか。本章では重要であるがしかし、ぎこちないこの抱握概念の誕生を、『科学と近代世界』4章「一八世紀」を中心にみることで、この概念が誕生した理由を精査し、なぜ重要であるのかをみいだす。

まず、抱握そのものをみるまえに、ホワイトヘッド哲学のなかで占める抱握の重要性を確認するため、サン＝セルナンの議論をみてみよう。

サン＝セルナンは「今、自然哲学に地位はあるか」と題した論文で、*78 自然哲学の歴史をひもときながら、彼はホワイトヘッドとクールノーを現在において語るべき思想家として議論していく。サン＝セルナンによれば、ホワイトヘッドとクールノーこそ「生成」を宇宙や自然の鍵概念として取り上げており、そして彼らこそ物理‐化学の次元であれ、生物の次元であれそれらに共通する土台を思考している、というのだ。こうしたなかで、彼らはいずれも潜在的なものから現実的なものへの生成を思考しており、むろん自然を作り出す技術の領域にも目配せをおこなって思考しているのだとサン＝セルナンは述べている。そしてサン＝セルナンは自然における生命の領域を「生命圏（biosphère）」、自然における科学技術の領域を「技術圏（technosphère）」と名付けつつも、現代ではこれらが分離してしまっていることに警鐘を鳴らす。

この議論の論考をものした後にサン＝セルナンはホワイトヘッドのモノグラフを公刊するのであるが、そのなかで彼がこう述べている。

このようにして、人間は（私たちが今日「生態圏」と呼ぶであろう）生物的秩序のなかで、（今日「技術圏」と呼ぶ）存在と対象との下部に秩序付けられ、構造化された社会のネットワークの総体を構成している。宇宙のなかでいかに個体化が生じ、そしていかに創発的性質が現れるのかという仕掛けについて、技術的対象の世界――厳密には技術圏――は適切な事例を与えてくれる。ホワイトヘッドの有機体の哲学はこの点で導きの糸となる。なぜなら、彼の哲学は統一的な総合の過程を主に扱っているからだ。その過程は、無意識的でもあるし、意識的で意図的でもあり、その意識や意図は個体やその群れがある目的に到達しようとする場合において働くのである。[*79]

サン＝セルナンにとって私たち人間の住まう生命圏が基盤にあり、そのなかに技術圏が存在する。現代ではこれらは別々の領域として扱われ、それぞれが高度な専門によって分離されている

＊78　Bertrand Saint-Sernin, "Y a-t-il place, aujourd’hui, pour une philosophie de la nature?", *Bulletin de la société française de Philosophie*, 1999. 他にもサン＝セルナンは単著 *Whitehead, Un univers en essai*, Vrin, 2000 を、共著 Daniel Andler, Anne Fagot-Largeault, Bertrand Saint-Sernin, *Philosophie des science 1*, Gallimard, 2002. でそれぞれホワイトヘッドを自然哲学として論じている。

＊79　Bertrand Saint-Sernin, *Whitehead, Un univers en essai*, Vrin, 2000, p.179.

が、ホワイトヘッドの哲学はこれら双方共に扱えるものだという。そのとき、ホワイトヘッドは宇宙を過程として捉えており、その過程はむろん人間の意識など度外視されるものであるのだが、しかし一方であたかも人間の意識のように目的を持つものなのだ。この意味でサン＝セルナンはホワイトヘッドがこれらの圏域を総合して扱える哲学者として議論している。生命圏ではなるほど人間の意識を超えた生態が広がり、技術圏はむろん人間の意識の所産である。そして、これらを共に扱える方法こそが抱握である。

本章ではこうした抱握について、その用語の誕生を検討することで、まずは抱握の理解に努めてみる。まずホワイトヘッドの論述に沿いながら、科学、とりわけ物理学における「たんに位置を占める（simple location）」という性質について検討する。この性質は、彼が実在論を語るさいに、「置き違えられた具体性の誤謬（Fallacy of Misplaced Concreteness）」（SMW, p.51）と相関的に語られる。その誤謬とは、具体的なものがたんに位置を占めるという性質のもとで語られてしまう、ということである。次いで、これまたホワイトヘッドに即しながら、バークリの主観的観念論による実在を把握する方法が「言い改め（substitute）」（SMW, p.69ff）られて、自らの議論、つまり抱握という概念とそれにまつわる論述が打ち立てられていくところをみる。そして、抱握の特性や、抱握と共に語られる、出来事の時空的な側面をも精査することで、物理学的な側面が抱握によって含意されていることをみてとることができる。このようにして、なぜ抱握という語が生み出されたのかについて、一定の回答をみいだすことができるだろう。

1　たんに位置を占めるという性質

ホワイトヘッドは自らがぎこちない用語であると述べる抱握を、なぜ生み出したのであろうか。このことに解答するためには、二つの文脈を押さえなければならない。そのうちの一つが、彼の科学史的読解による、科学の歴史のなかでの自然理解についての文脈である。もう一つが、後に述べるように、哲学史的読解、とりわけ本章ではバークリに言及しながらなされる、哲学の歴史のなかでの自然理解についての文脈である。『自然という概念』における議論でも触れたように、彼は自然の二元分裂を問題視していた。このように自然にかんする論じ方の乖離と接続は、ホワイトヘッドにとって、『科学と近代世界』以前からのテーマであった。もちろん、このテーマは『科学と近代世界』においても継承されており、この書物の三章「天才の世紀」末尾ではさまざまな物理学者や哲学者を論じながら、「科学的抽象による類稀なる成功は、一方で空間や時間においてたんに位置を占める物体という観念を生み出し、しかしその一方で知覚し、苦しみ、推理するが、他のものに影響を与えない精神という観念を生み出したのであるが、そうした成功は、これらの抽象を事実の最も具体的な解釈として受け入れる仕事が哲学に課せられることになったのだ」（SMW, p.55）と述べ、抽象的な認識に偏って自然の認識が語られるようになってきたと考察している。

さて、『科学と近代世界』において、具体的な出来事は抱握という仕方で捉えられるのであるが、その具体的な出来事は抽象的な自然を構成している科学的実在をも含んでいなければならない。先に述べたように、出来事から時間や空間が導出されるからである。そこで、このことをみるためにホワイトヘッドが科学的な自然理解について検討しているところを私たちは精査していこう。ここではまずホワイトヘッドに即しながら、先に述べられたたんに位置を占めるという性質についてみる。というのも、抱握は、このたんに位置を占めるという性質を把握することと対置されて考えられているからだ。

「自然は何から作られているか」、とイオニアの哲学者たちは尋ねた。その答えは、素材、物、物質——それをどう名づけようと構わない——という言葉のなかに包まれる。そしてその物は空間や時間のなかに、あるいはより現代的観念を採用するならば、時空のなかにたんに位置を占めるという性質をもつ。[…] このたんに位置を占めるという性質は、私たちが時空の一領域を絶対的であれ相対的であれ規定されたものとしてみようとも、関わりなく成立する（SMW, pp.48-49）。

自然は諸々の物質から構成されており、そして諸々の物質は物理（自然）学的な質点という仕方で、時間や空間上に位置を占めることになる。ホワイトヘッドはここでニュートン力学だけではなく、時空というタームを用いていることから、アインシュタインの相対論の力学もまた念頭に置いていることがわかる。つまり、ニュートン力学だけではなく相対論の力学においても、物理学における自然は物質から構成され、そしてその物質（質点）がたんに位置を占めるのだ。そして時空のなかの一定の場所をひとたび決定すれば、その物体の時空に対する関係が表現される（SMW, p.49）。

しかしながら、このように物理学的に自然と物質を理解することは、私たちの経験する具体的な自然と同義ではないとしてホワイトヘッドは論を展開していく（SMW, p.50ff）。そして有名なベルクソンの空間化（spatialisation）に同意しながら、彼は物理学的な仕方での自然の理解と私たちの具体的な経験による自然の理解とについて述べ、抽象的なものと具体的なものとを取り違えてはならないとして、この取り違えを「置き違えられた具体の誤謬」と呼ぶ（SMW, p.51）。このようにして、時空上でのたんに位置を占めているものだけで自然を考察するということは、置き違えられた具体の誤謬に陥ることになるのだ。とはいえ、ホワイトヘッドは抽象物を具体物と置き違えてしまうことに対して批判を行っているのであって、決して科学的な自然の成り立ちを拒絶しているわけではない。こうした科学的な見方のみで自然を考察してしまうことに対する警鐘なのである。

そこでなぜ、こうした誤謬を指摘したのであろうか、と問うことができる。この問いに対して、一八世紀における科学の進展をホワイトヘッドは述べている。

この［一八］世紀において、自然のあらゆる過程を機械論的に説明するという考えが、ついに凝集して科学のドグマとなった。この考えは、［…］諸々の数学的物理学者たちによって、とりわけ一七八七年出版のラグランジュの『解析力学』において到達された、ほとんど奇跡的な一連の勝利によってますます勝ち進んだ（SMW, p.60,［］内筆者）。

ニュートン以来数理物理学的に自然を考察することで、自然の数学化とでも言うことができるような運動が大きく進展し、なかでもラグランジュによる業績はその最たるものだとホワイトヘッドは述べている。とりわけ、ラグランジュは「仮想仕事の原理」によって、質点の経路の各瞬間に適用される原理を考察し、いかなる量的測定が行われるにせよ、それが位置を定めるのに妥当である限り、どれにでも適用しうる運動方程式を演繹していったのである（SMW, p.60ff）。この考えをもとに、ヘルツやマクスウェル、そしてアインシュタインへと科学史は進展し、一八世紀こそが科学的な見方による自然の成り立ちの最大の勝利を導いたものだとホワイトヘッドは述べている（SMW, p.61ff）。

しかしながら、先にも述べたように、自然はこうした科学的な見方のみで成立しているわけではない。その一方で具体的な私たちの直接経験によって知られるところの自然もまた存在している。そこで、私たちが具体的に自然を考察するさいに、同じく一八世紀の哲学者バークリを手がかりにしてホワイトヘッドは論を進めていく（SMW, p.66）。

2　抱握概念の誕生

ホワイトヘッドはバークリの議論を導入するさいに次のように述べている。

問題の鍵はたんに位置を占めるという概念にある、と述べたことをあなたは覚えていられるであろう。バークリは実際この概念を批判している。彼はまた次のような問いを発している。いったい事物が自然界において実現＝実在化する（realise）とはどういった意味か、と（SMW, p.67）。

ここでは、科学的な見方において代表的な自然理解の方法である、たんに位置を占めるという性質をバークリが批判しているとホワイトヘッドは述べている。そしてまた事物が実現することの理由をも問うている。よく知られているように、バークリは物質の存在を批判するなど、科学的な見方よりも神が介在する主観的な観念論を提起している。バークリは実在を精神によって把握するという議論を行っている代表的存在であるとホワイトヘッドは述べている（SMW, p.66ff）。もちろんバークリがたんに位置を占めることに対して直接的に批判を与えているわけではなく、そしてまた本章でのバークリ理解はあくまでホワイトヘッドが述べるところのものであることをここで断っておく。

さて、バークリを論じるさいに、ホワイトヘッドは『アルシフロン』の第四対話の一〇節を引いている。そこでは、ユーフラノーが向こう側に建っている城の戸口や窓や胸壁がみえるかどうかを問い、それに対してアルシフロンがそれらは離れすぎていて一つの丸い塔にしかみえないと答える。ユーフラノーは城の諸々の部分を近くでみたことがあるので、それらを知っており、彼の知っているそれらと、アルシフロンがみえるものとはそっくり同じではないと述べる。そこでユーフラノーはこう結論する。「従って、君がここでみている城も、遊星も、雲も、遠くに存在すると君が想定しているところの実在のものでないのは明らかではないか」（SMW, p.68, 傍点筆者）と。このようにホワイトヘッドは論じた上で、次のようにバークリの議論に検討を加える。

> 彼［バークリ］にとって、精神は唯一の絶対的実在であり、自然の統一は神の精神における諸々の観念の統一である。私が考えるところでは、この形而上学的問題に関するバークリの解決が引き起こす諸々の困難は、科学的図式の実在論的解釈から生じると彼が指摘している諸々の困難に他ならない。しかしながら、もう一つの考え方が可能である。それによれば、私たちはとにかく暫定的実在論の立場を採り、科学自身に有益な仕方でその科学的図式を拡大することができる、ということだ（SMW, p.68, ［］内筆者）。

ここでホワイトヘッドは、バークリを引用してはいるものの、自然が人間の精神やそれにともなう神の精神においてあるというバークリの立場について否定的に言及している。そこで、こうしたバークリの立場に対するもう一つの考え方として、暫定的実在論を提唱している。どういうことか。科学的に自然を理解することに対して、精神をともなった主観的な経験論でバークリは議論を構成しているのであるが、こうした立場では科学的な議論が棄却されてしまうとホワイトヘッドは述べている。先にも述べたように、ホワイトヘッドは科学的視点に偏ることを批判しているだけで、科学的視点を棄却などはしていないのである。そして、暫定的実在論という彼独自の立場を打ち立てて、科学的図式をも含んだ見方をここから編み出していくのである。そこでいよいよ抱握を論じ始める（SMW, p.69ff）。ホワイトヘッドは次のように述べている。

> 私たちの日常の用法において知覚するという言葉は、認知的把握（cognitive apprehension）という概念が強く貫かれている。把握という言葉も同様であり、それには認知的という形容詞がついていないときでさえそうである。私は非認知的把握（uncognitive apprehension）に対して、抱握という言葉を用いようと思う。この言葉で私の意味することは、認知的でもあり、またそうでないこともありうる把握である（SMW, p.69）。

「知覚する」という用語は、「認知的把握」とりわけ「把握」という用語にあるように、明晰に統合し事物を認識することである、とホワイトヘッドは述べている。例えば把握 apprehension という語はしばしば注釈者たちが述べるように、その接頭についている ap という語が意識的な意味合いを帯びている。[*80] 主観が何らかの事物を意識的に対象化する知覚することが、把握である。それに対して、抱握 prehension という語は、把握の ap を取り除いた術語である。どういうことか。事物を認識するさいに、意識的に事物を理解するのではなく、主観的な意味合いを排除して認識することなのだ。次の節で述べるように、ホワイトヘッドにとってなによりもまず抱握から出発することで、事物を認識し、そのうえで把握といった仕方で事物を理解することが可能になるだろう。

抱握によって彼が意図したいことは、バークリのように主観的な意味合いを強く帯びて事物を認識するのではなく、その意味合いを弱めて具体的な経験を認識することを提唱しているということである。このようにバークリに言及し、抱握を論じたうえで、ホワイトヘッドは再度バークリの述べる「従って、君がここでみている城も、遊星も、雲も、遠くに存在すると君が想定しているところの実在のものでないのは明らかではないか」という文言を引用し次のように述べる。

それ故、ここには、他の場所に関係した事物の、ここ、つまりこの場所における抱握がある。[…]彼[バークリ]は、自然的存在の実現＝実在化(realisation)とは、精神の統一の内部の知覚である、と主張している。

私たちはこの考えを、実現＝実在化とは抱握の統一のうちへと事物を集めることであり、またそのさい実現されるものは抱握であってそれらの事物ではない、と言い改める（substitute）ことができる。抱握のこの統一体はそれ自身を一つのここ、今として限定し、捉えられた統一体のうちへと集められる事物は、他の諸々の場所や時間と不可欠な関連を有する。バークリの精神の代わりに、私は抱握的統一化の過程と言い改める（SMW, p.69,［］内筆者）。

バークリの主観的な認識では、ここ、という空間的な条件が課せられているのではあるが、今、という時間的条件は課されていない、とホワイトヘッドは考えている。ホワイトヘッドが考えたいのは、より彼の時代に即した条件設定であるのは当然だろう。その条件設定とは、時間と空間とが共に語られなければならない、つまり時空といった仕方で語られなければならない、相対性理論以降のパラダイムである。だからホワイトヘッドは、バークリのようにここだけでは不十分であり、今をも付け足して、言い改めているのである。そしてもう一つ言い改めているのは、すでに述べた、主観的観念による認識ではなく、主観的な要素を排除した抱握による理解についてである。先の章でも論じたように、この抱握こそ主観ではなく主体と鋳直されるゆえんでも

＊80　例えば、Charles Hartshorne, "Whitehead's theory of prehension", *Whitehead's Philosophy, Selected Essays, 1935-1970*, the University of Nebraska Press, 1972. を参照。

ある。このように言い改めたうえで、ホワイトヘッドはここ、今、つまり空間と時間の限定による、抱握の実現＝実在化を語っている。このようにバークリに言及しつつ、その言及を言い改めることで、主観性を排除し、科学的な見方を、つまり時間や空間といった抱握の図式を担保して語っていく（SMW, p.72ff）。そのとき、抱握されている統一体は、主観的に把握されるような実在などではなく、「空間と時間における、抱握的統一化という立脚点からの城や雲や遊星」（SMW, pp.69-70）であり、暫定的実在論として当初は述べられていたところの、彼の述べたい実在なのである。

3　抱握と出来事

上述してきた抱握にまつわる特性として、「分離的特性」「抱握的特性」「様態的特性」をホワイトヘッドは挙げている（SMW, p.64ff）。分離的特性はさまざまな出来事が離散的に存在しているということを理解させるところのものである。つまり、諸々の事物や出来事は、それらが一つの抱握される出来事として認識される前には、それぞれがバラバラであると認識させるのである。次いで抱握的特性は事物を空間的・時間的に共存させることである。つまり、諸々の事物や出来事が一つの出来事として理解されるために、時間的・空間的に、一つの地平で考察できるようにするのだ。さらに様態的特性は、事物が時間や空間によって限定を受けて、この場所においてのみ、そしてこの期間においてのみ存在することである。つまり、この特性のゆえに、一つの出来事が時間的・空間的に実現している、つまり実在しているのである。これらの特性はそれぞれ抱握にまつわる特性として「その文脈から引き離すことはできない。しかもその文脈のうちにある抱握の一つ一つはいずれも複合体全体に結びつくすべての実在をことごとく有している」（SMW, p.72）。

このように、抱握は諸々の特性とともに抱握の諸段階、つまり過程として描かれているのであり、その特性のとりわけ抱握的特性によって時間と空間とが共に語られているのである。ここから、ホワイトヘッドは「自然は諸々の進化する過程の有機体である。実在とは過程である」（SMW, p.72）という『過程と実在』を彷彿とさせるような議論へと到る。そして、次のように述べている。

> この言葉［抱握］は、ある出来事の本質的統一性を意味するために、すなわち、諸々の部分や成分の単なる集合としてではなく、一つの存在としての出来事を意味するために導入された。［…］出来事という語はこれら時空的統一体（spatio-temporal unity）の一つをまさに意味する。したがって、この語［出来事］は、抱握された事物を意味するものとして、「抱握」の代わりに用いられるだろう（SMW, p.72,［］内は筆者）。

ある出来事が抱握によって認識されるのであり、そしてその出来事は時空の統一体であるとホワイトヘッドは述べている。出来事は抱握によって、一つの存在として生成していく、つまり統一化の過程として描かれていくのである。そしてこの抱握という語の代わりに使用してしまっても良いとまで述べている。

また先の文言に続けて、ホワイトヘッドは次のように、議論を進めていく。

出来事は諸々の同時存在をもつ。このことが意味するのは、出来事はそれ自身のうちに、直接的に達成されたものの表現として、その諸々の同時存在のそれぞれの様態を映す、ということである。出来事は過去をもつ。このことが意味するのは、出来事はそれ自身のうちに、自らの内容に溶け込む記憶として、その先行する存在者のそれぞれの様態を映す、ということである。出来事は未来をもつ。このことが意味するのは、出来事はそれ自身のうちに、未来が現在に投げ返すような、言い換えれば、現在が未来に関して決定したようなこうした諸相を映す、ということである（SMW, pp.72-73）。

ここで、抱握される出来事は、バークリにおいては空間的な意味合いのみが考慮に入れられていたのに対し、時空のとりわけ時間的な意味合いが念頭に置かれていることを強調しているように思われる。とりわけ相対論的な時空において、同時存在や過去や未来といった時制は、因果的に独立しているものとして知られている。つまり、現在の出来事は、因果的な過去や未来と連関し、そして因果的に独立しつつも、現在のある出来事を基準にすることで他方の出来事を考察することが可能な視点が相対論的な時空において含意されているのである。こうした時空に関する議論は、本書の第I部2章と3章でも触れた彼の中期三部作において定式化されたものであり、この『科学と近代世界』においてもその定式化を踏襲したうえで語られている。とりわけ『相対性原理』では、アインシュタインとは別様に相対論的な時空に基づく彼独自の力学を構成していた。このように、時間のみ、あるいは空間のみによる考察で認識を行っているのではなく、時空が考慮に入れられた仕方での、きわめて現代的な展開が含意されているのである。

　冒頭になぜ抱握を生み出したのか、と問うた。それに対する解答として、今や明瞭に答えることができる。それは、科学的な認識と具体的な認識とを分離させずに、一つの出来事を理解するために抱握を生み出したのである、と。ホワイトヘッドは、科学的、とりわけ物理学的なたんに位置を占める性質では、なるほど自然を理解するのにラグランジュを頂点にして、多くの自然の側面を考察することが可能になったのであるが、そうした性質によっては置き違えられた具体性の誤謬が示すように、科学的な認識と直接的な認識とが置き違えられ、抽象的な自然の理解と具体的な自然の理解とが分離したままであった。そして、バークリの主観的観念論について批判的に言及することで、抱握という主観的な側面を弱めた仕方での具体的な認識方法を提唱し、その抱握のなかに科学的な時間や空間といった側面を含みながら彼は語ったのである。

もちろん、ホワイトヘッドはバークリ的な意味での主観性を批判的に継承し、ホワイトヘッドなりの主体性をここから作り上げている。この点については第Ⅱ部1章で触れた。そしてこうした点については、フォードも述べるように、出来事は後に「汎心的（panpsychic）」ないし「汎主体的（pansubjective）」な現実的存在ないし現実的契機として語られるようになるのであるが、これはバークリのような主観とは似て非なるものである。[*81] というのも、抱握する出来事が主体性を持つのであり、有機物であれ無生物であれ主体性を有するからだ。こうした側面がより展開されるのは、『過程と実在』においてであり、それがより精緻に語られるようになる。

とはいえ、私たちはこの抱握がそもそも誕生した場面を検討したことによって、科学的な自然の認識と、具体的な私たちの直接経験における自然の捉え方とを、統合しながら認識できることが可能になる。このことは、彼が一貫して主張してきた自然の二元分裂の延長線上にある議論であり、とりわけ現代の私たちにとって、ホワイトヘッドの注釈者でもあるサン＝セルナンが述べるような「自然哲学（la philosophie de la nature）」という、科学的経験と直接的経験とを統合したかたちで自然を考察していこうとする現代哲学の流れを考慮するならば、科学的な認識方法と私たちの感覚的な理解とが統合された具体的な存在の汲み取り方が必要なのではないだろうか。この抱握にかんする議論は後に再び触れることになるが、いったん、ホワイトヘッドが具体性について今一度議論を深め、そして再び、ホワイトヘッドが具体的なものと抱握とを連関させて語る道筋を私たちは歩んでみよう。

＊81――註64を参照されたい。

3章　具体性の詩と科学から概念の自由で野生的な創造へ

習慣が存在するところにはどこにでも概念が存在する。［…］諸々の習慣こそ黙約（convention）である。だからイギリス哲学とは、概念の自由で野生的な創造なのだ。

——ドゥルーズ&ガタリ[*82]

0　はじめに

ホワイトヘッドは、『科学と近代世界』で先に触れた「一八世紀」に引き続き5章「ロマン主義の反動」と名付けた文章のなかで、科学による自然認識をも含めたうえでの詩的想像力について語っている。先の章でも触れてきたように、科学的認識と私たちの具体的な自然理解とが含み合わされていく様を、ホワイトヘッドはイギリスのロマン主義の詩に託して語っていく。本章では具体的な自然の存在を、ホワイトヘッドの詩論を通じて理解し、そこから「ロマン主義の反動」に即した仕方で主体性について論じていく。この主体性とは、1章で論じてきた主体性の、とりわけ中期哲学以降のものであり、『過程と実在』以前の萌芽ともいえる、いわば中間的なものである。最後に、こうした詩を可能にする言葉の領域をみる。この言葉の領域は『過程と実在』において「命題（proposition）」という仕方で議論がなされている。詩における科学の含意、そして『科学と近代世界』における主体性から『過程と実在』におけるそれへの移行、最後に命題にかんする議論をみることで、後期ホワイトヘッド哲学における具体性とその展開について記述していこう。

1　詩と具体性――ホワイトヘッドとシェリー

ホワイトヘッドは『科学と近代世界』のなかで、自然の基盤を物質ではなく、具体的な出来事に措定したのであるが、同書の「ロマン主義の反動」という章ではイギリスロマン主義の詩を分析しながら、科学的抽象性と具体性とのかかわりを明らかにしている。ホワイトヘッドは、「文学においてこそ人間の具体的な有様が表現されている」（SMW, p.75）と述べ、とりわけ「詩と劇」（SMW, p.76）には圧倒的な信頼を寄せている。そうしたなかでまずはミルトンの『失楽園』、ポープの『人間論』、ワーズワースの『逍遥』、テニソンの『イン・メモリアム』が取り上げられ

＊82　Gills Deleuze et Felix Guatarri, *Qu'est-ce que la philosophy?*, Minuit, 1991, p.101.

る。これらの作品に対する彼の総評は以下のようなものだ。

ミルトンが執筆したのは王政復古の後であるが、彼は科学的物質論の影響を被らない一七世紀初期の神学的立場を代弁している。ポープの詩は、科学運動の確実な勝利の初期を含むその間の六〇年間が一般の思想に与えた影響を表している。ワーズワースは彼の全存在を通して一八世紀の精神に抗う意識的反動を表現している。この心性とは、科学的理念を文字通り受け止めることにほかならない。ワーズワースは主知的な立場でこれに反対する気はまったくなかったようだ。彼を動かしたものは道徳的反発であった。彼は科学によってでさえもいまだナニモノかが残されており、その取り残されたものはきわめて重要な一切のものを包含する、と感じていた。テニソンは、一九世紀の第二四半期において衰退しはじめたロマン主義運動が科学と妥協しようとするさまざまな試みの代弁者である。この時すでに、近代思想における二つの要素が、自然の歩みと人間の生とに関する相容れない解釈によって、その根本的な乖離が明らかになっていた。テニソンの先の詩において、私がすでに述べた分裂の完全な実例が現れている。たがいに対立する世界観があり、そのいずれもが逃れる術もなさそうなそれぞれの究極的直観に訴えることによって、彼の同意を強く要請している。テニソンはこの困難の核心に向かうのだ。（SMW, p.77）

ミルトンの時代には科学の影響というよりむしろ、政治的動乱の影響が大きかったとホワイトヘッドは述べている。とりわけピューリタン革命以降O・クロムウェルの支配下にあったイングランドは彼の死後、つまりR・クロムウェルの時代になってから王権が返還された。王政から共和政へ、そして再び王政復古という狭義には八年間の、広義には二二年間のめまぐるしいイングランドの政治的動乱に加え、ミルトン自身の理神論的な立場が詩歌に表現されている、とホワイトヘッドは考えている。次いでポープの時代にはグレートブリテン王国の成立という政治的動乱もさることながら、一八世紀初頭には蒸気機関の発明などのこれまためまぐるしい技術的発展が展開されていた。蒸気機関の発明は、よく知られているように、第二次産業革命への入り口として近現代の科学技術と資本と国家との結びつきが眼にみえて理解されるような出来事のはじまりであった。こうした時代の背景がポープに多大な影響を及ぼしているとホワイトヘッドは分析している。そしてワーズワース。ホワイトヘッドによれば、ワーズワースは、自然が科学によって語り尽くされるのではなく、そうではないよりロマンティックな側面にこそ自然の語り方があるとしている。そして仮に科学によって自然の語り方が覆われつつあるとしてもなお、非科学的な側面から自然を語ろうとし、そしてそれこそ自然の真の姿であると述べていたのがワーズワースであるとホワイトヘッドは語る。最後にテニソン。一九世紀になると電気学や熱力学、そして生物学といったさまざまな分野が専門分化し、それぞれが大きく進展した。こうした業績を取り入れながらテニソンは詩を創作したのだとホワイトヘッドは考察している。その創作はまさに「困難の核心」に向かっているとホワイトヘッドはみる。

こうしたイギリスロマン主義の詩人たちの政治的背景や科学的背景をホワイトヘッドは挙げながら、この文言の後にワーズワースとシェリーを検討する（SMW, p.83ff）。シェリーもまたイギリスロマン主義の詩人たちに名を連ねる存在であり、上述した詩人たち以上に科学に寄り添い創造を行なっていたとホワイトヘッドは考える。

ここでホワイトヘッドに即して彼が分析するワーズワースとシェリーについてみてみよう。ホワイトヘッドはワーズワースが「自然に熱中していた」（SMW, p.83）と語り、「彼［ワーズワース］が終始唱えていた主題というのは、自然の重要な事実は科学的方法では捉えられない」（SMW, p.83）としている。先にも述べたように、科学だけでは私たちが接する豊穣な自然は汲み尽くすことができない典型例としてワーズワースをホワイトヘッドは取りあげる。ワーズワースは自然の神秘的な有様を描き、とりわけ『プレリュード』では「一連の荘厳な章句」（SMW, p.83）が描かれているとホワイトヘッドは述べる。ホワイトヘッドが引用しているワーズワースの詩は以下のようなものである。

汝ら　空にまた地に宿る自然の諸相よ
汝ら　やまやまの映し出す姿よ
孤独の地のたましいよ

汝ら　いやしく願いを持てりとは思われず
大いなる力を働かせ
いくとせの間
無邪気なる戯れのうちにも
絶えずわれにつきまとい
祠ノのほとりの木々の上　また森の中　丘の辺に
なべてものに
怖れと望みとの徴を彫りつけ
かくて　果てしなく広がる大地をして
さながら海原のごとく
愉快と歓喜　望みと畏れもて
躍動せしめしかのときに[*83]（SMW, p.84）

科学的な自然の有様ではなく、なるほどむしろ私たちが直接経験する具体的な自然の有様が記されているように思われる。自然を「汝ら」と語り、私たちと同列のあるいは私たち以上に豊穣

＊83　本稿における詩訳については、翻訳を参考させて頂いた。

な「諸相」や「姿」そして「たましい」を包含するものとしてワーズワースは謳い上げる。自然のまさにロマンティックな描き方として、ホワイトヘッドはこの詩を引用している。自然が私たち人間とともに生き、そしてその自然は畏敬の念で語られる。「望み」や「畏れ」が自然にワーズワースによって託され、私たちは自然とともに生きるがしかし、私たちとは異なる位相においてただ悠然とたたずむ姿が描かれている。こうした句にホワイトヘッドは「ワーズワースはその優れた天才を発揮して、私たちが直接把握する具体的事実、つまり科学的分析においては歪められる事実を表現している」（SMW, p.84）と述べる。つまりワーズワースの詩には科学的な自然分析は一切入っておらず、むしろそうした科学的な自然分析によっては、私たちが直接経験する自然は歪められてしまうものとホワイトヘッドは考えているのだ。

これに対して「シェリーの科学に対する態度はワーズワースの態度と対極にあった」（SMW, p.84）と論じられる。「彼［シェリー］は科学を愛し、科学の暗示するさまざまな思想を詩に表現」（SMW, p.84）しており、「さまざまな物理実験が彼の比喩を指導している」（SMW, p.85）とホワイトヘッドは語る。気体の膨張力や幾何学的図形のイメージなどをシェリーの詩からホワイトヘッドは連想しつつ、科学的な想像力が詩に入り込んでいるとホワイトヘッドは述べる（SMW, p.85）。科学的なものが詩に入り込んでいるとはいえ、しかしそうした詩自体は、科学そのものではないことは言うまでもない。それゆえ、シェリーの描く自然こそ「私たちの知覚的経験の全内容を含み動く有機体のなす自然である」（SMW, p. 85）。ホワイトヘッドによると、シェリーの詩には、ワーズワースと似て非なる側面があるという（SMW, p.86）。つまりワーズワース以上にシェリーの詩にはより科学的な側面が入り込んでいることもさることながら、より動的な自然が描かれているというのだ。ホワイトヘッドにとってシェリーの詩は、サン＝セルナンが述べる生命圏であれ技術圏であれ、双方共に語ることができる土台を提供する詩なのである。ここでホワイトヘッドが引用しているシェリーの詩をみてみよう。

万物の住まう永劫の宇宙
精神を貫き　波早き瀬のごとく流る
時には暗く　時には閃き
影を映してはまた光を添う
そはひとの心の泉
おのおの流れの水を　ひと知れず運べばなり
その音　もとかそかなれども　いと高くひびきて聞こゆ
あたかも　淋しき山の深き森にて
あまたの滝つ瀬下り落ち
樹々と風と相闘い
岩走る大いなる水砕け散る

細谷川にも似たり（SMW, p.85-86）

ホワイトヘッドはこうしたシェリーの詩を引用しながら、時々刻々と変化する自然をワーズワース以上に描いているのだと解釈している。ホワイトヘッドは同時代の物理学、とりわけ相対性理論だけでなく、波動力学や前期量子論についての知見を得ていた。そのなかで、特に着目していたのは、分子や素粒子のランダムな動き、そして後のシュレディンガーによって規格化という仕方で確率論的に理解される、粒子の移動である。この刹那滅的な粒子の変遷は、ホワイトヘッドの時間論に大きな影響を与えている。こうした前期量子論の知見を得たうえで、さまざまな事象へと拡大させてホワイトヘッドは理解する。いずれにせよ、宇宙には精神を貫き、流動する事物が満ちあふれているし、そうした事物や精神は明滅を繰り返し、生成消滅しながらこの宇宙を構成しているだろう。精神は泉から湧き出る水のように流動し、風が吹きすさぶことで樹々は音をざわめかせ、確固とした岩でさえも転がりそれもまた形を変えていく。自然は時々刻々と、生成消滅していくものなのだ。この意味で刹那滅的に移行する粒子の動きを捉えた科学的思考と同様に直接的経験の立場から描いた自然の描写もまた時々刻々と変化していく過程を描くシェリーの詩こそがホワイトヘッドにとって「私たちの知覚的経験の全内容を含み動く有機体のなす自然」であり、彼の哲学を表象しているものでもある。このとき彼の考える哲学は「具体的経験に訴える哲学者の生き方をも援用する」（SMW, p.87）ものであるし、「哲学は諸科学を具体的事実と対決させる」（SMW, p.87）ものであると述べている。だから有機体の哲学における具体性には科学も含み込まれるのである。

ホワイトヘッドを手がかりに私たちの具体的経験を考えるとするならば、そうした経験とは科学的であるよりもむしろ詩的であるかもしれない。しかしそこには抽象的な科学的思考も入りこんでいるし、それによって理解できる自然は時々刻々と変化していくものである。抽象的で科学的な思考が入り込んでいるとはいえ、具体的経験があるからこそ抽象的な科学的な思考が存在するのであって、抽象的な科学的な思考のみの世界などはホワイトヘッドの哲学にはない。それゆえ、

私は、哲学とは抽象的理念の批判者であると考える。その働きは二重であって、第一にそれらの理念に抽象的理念としての正当な相対的地位を割り当ててそれらを調和させること、第二にいっそう具体的な宇宙観と直接に比較してそれらの理念を完全にし、これによってさらに完全な思想図式の形成を促進させることである（SMW, p.87）。

「科学」の名の下に科学理論が大手を振るって自然を理解するのではなく、具体性が第一の基盤に据えられ、その具体的な直接経験から科学を整理し批判し改訂していくこと、このことがまさにホワイトヘッドの哲学である。

2　主体性のほうへ

ホワイトヘッドにとって自然とは、具体的な出来事に基盤に据えてこそ分析可能なものであった。ここから、先に触れてきた「ロマン主義の反動」の続きをみてみよう。そこでは主体性について検討がなされている。第II部1章で生成を論じるようになるさいに形而上学的に主体性が語られることでそれが可能になったことを指摘した。『過程と実在』における主体性の萌芽となる議論がこの『科学と近代世界』「ロマン主義の反動」にある。

ホワイトヘッドは詩における具体的経験と抽象的科学との対比から、自然の具体性をいかに理解していくかという議論をここから続けていく（SMW, p.88ff）。そのときに主観性と客観性という哲学的問題をホワイトヘッドは取り上げている。先の章でも取り上げたように、バークリのような主観的観念論はホワイトヘッドにとって十分なものではなかった。「ロマン主義の反動」に記述されている続きをみてみよう。

私が主観主義を信じない大まかな理由は三つある。第一の理由は、私たちの知覚経験に直接問えばわかる。私たちは、空間・時間のうちで石や木や人体のような存続する対象と関係した、色や音やその他の感覚対象からなる世界の内部にいるように思われるからだ。私たち自身も知

覚対象であるほかの事物と同じ意味で、この世界の要素であるように思われる。［…］
第二の理由は、個々の経験内容に基づいている。私たちの歴史の知識によれば、私たちが知りうる限りは、およそ生物が地球上に何一つ存在しなかった遠い時代がある。また同じ知識によれば、私たちは仔細な歴史を知ることができない無数の恒星系がある。［…］
第三の理由は、行動本能に基づいている。感覚知覚が個人を超えたものの知識を与えるようにみえるのと同じように、行動は自己超越本能から発するように思われる（SMW, p.89-90）。

第一に、特権的な主観が設定され、その上で第一性質や第二性質といった区別がなされるのではなく、それらの内部にすでにその主観もまた含まれているのだという。知覚対象だけでなく、その主観もまたこの世界をともに構成しているそのきわめて常識的な理由から主観主義を採用しないのである。第二に、バークリのように知覚されることで存在するといった事態をホワイトヘッドは考えないのだという。主観がなくとも、時間的に遠い過去は確実に存在しているからだ。最後に彼が主観主義を採用しない理由として、今まさになにがしかを行なうさいに、主観的な意識や意図を超えて、当の行為は現実化していることを挙げている。ホワイトヘッドにとって、外界の存在や過去の歴史、そして未来の状態は、唯一の主観によって理解されるようなものではない。そうではなくて、主観のあり方とは別様に、自然や世界は確固として存在しているのである。そのうえで、彼の形而上学において、出来事や現実的存在ないし現実的契機が主体として論じられていく。つまり、ただ一つの主観が存在するのではなく、森羅万象がそれぞれ主体であり、無数の主体が存在している。先の2章の末尾でも触れたように、フォードが汎主体論とホワイトヘッドの哲学に名付けたところのものが展開されている。こうして、『過程と実在』になると、先の抱握とセットになって、抱握の主体が前提され考察されていく。例えば、「説明のカテゴリー」(xi)では、次のように述べられている。

すべての抱握は三つの要因からなる。(a)抱握しつつある主体、つまりその抱握がそこで具体的要素となっている現実的存在、(b)抱握される「与件」、(c)その主体がその与件をいかに抱握するのかという「主体的形式」(PR, p.23)。

このように、ホワイトヘッドは人間であれ、その他の無数の出来事ないし存在であれ、それぞれが主体を有し、その主体が自律しながら流動し構成する、この自然や宇宙を記述していく哲学を展開していったのである。

3　感得と具体性――「感得のための誘因」と「置き違えられた具体性の誤謬」

1節と2節では具体的経験を詩に特化させてホワイトヘッドは語っていることを確認し、そしてそこから形而上学的な主体性の萌芽を検討してきた。最後にこの詩を表現すべき言葉の領域とこの主体性とが、感得（＝抱握）において結びついていくという議論を『過程と実在』から析出していこう。

ホワイトヘッドは言葉の領域を命題という仕方で捉えていた。この命題とは、ホワイトヘッドにとって、まずもって真偽の対象ではない。時に言語哲学では、命題を真偽の対象として考察するのであるが、ホワイトヘッドはそうではない。命題は『過程と実在』において語られる主題でもある。『科学と近代世界』「ロマン主義の反動」をいったん離れて、命題についてみてみよう。彼は次のように述べている。

命題の実現においては、「判断」はきわめて稀な構成要素であり、「意識」もまたそうである、というのがここでの議論である。想像的な文学とは論理学者たちに、彼等の狭量な学説が馬鹿げたものであることを、警告したであろう。すべての論理学者がハムレットの「在るか、それとも在らぬか［…］」という台詞を読んで、最初の命題が真か偽か判断し始め、三五行全体に渡って判断を下し続ける、とは考え難い。確かに、こうして読み進んでいくある時点で、判断は美的な喜びによって曇らされる。この台詞は劇場の観衆にとって、純粋に理論的であり、感得のための単なる誘因なのである（PR, p. 184-185）。

命題を判断できるのは高次の意識が働くゆえんである。というのも、真か偽かを判断するにあたって、さまざまな論理学的な条件設定が必要であり、それを意識することで真偽の考察が可能になる。そうではなくて、読書をするさいに、あるいは観劇するさいに、さまざまな論理学的な条件設定を常に想定して私たちは本を読み、劇を鑑賞するだろうか。演習問題つきの論理学の書物を紐解くならばそうかもしれないが、ここでホワイトヘッドがとりあげているように、詩や劇に使用される多くの文言はむしろ、美的な喜びをともなって私たちを胸うつ。命題は論理的なものであるよりもむしろ、なによりもまず、「感得のための誘因」（PR, p.185）なのだ。詩にも真偽の判断をともなう題材が、例えばシェリーのように科学的実験の挿話が差し挟まれているかもしれないが、詩を読むさいにそうした挿話の真偽のみを判断しているのではなく、そこで歌われている感得を、再びシェリーの詩であるならば、自然が躍動することの喜びを私たちは読んでいるのではないだろうか。真偽を判断するから泣き笑いを起こすのではない。まずもって泣き笑いながら詩を読むのである。続けて、ホワイトヘッドは神話の集積である聖書の文言についても次のように述べている。

また強烈な宗教感情を、キリスト教徒が福音書のなかの言葉を黙想しているさまを考えてみよう。彼は「真偽」を判断しているのではない。彼はこの言葉の価値を感得における要素として引き立てているのである。実際、彼は真の判断を価値の実現に基づけるかもしれない。しかしながら、こうした手続きは、命題の原初的機能が判断における要素であるとすれば、不可能なことである（PR, p.185）。

価値は判断ではなく、感得に基づく。論理学者も命題を真偽で判断するための感得に誘われているのだし、真偽判断そのものが原初的にあるわけではない。そうであるから、「「感得のための誘因」は、感得の合生を教導する目的因である」（PR, p.185）のだ。つまり、命題が感得をともない、それを引き受ける私たちが存在するということは、そのもろもろの命題が感得されるという目的を有しているのである。命題は真偽判断されるものというよりもむしろ、「真であるかもしれないし、偽であるかもしれない」（PR, p.186）し、さらには「実際の世界においては、命題は真であるよりも興味深いことのほうが、重要なのである」（PR, p.259）とまでホワイトヘッドは述べている。

私たちの具体的な直接経験においては、論理やそれに基礎づけられる科学的思考が措定されているのではない、そうではなくて、感得というきわめて情緒的な美的価値が原初的に感得される。そうであるから、森羅万象は感得されるものであるし、言葉ですらも感得されるものなのだ。こうした感得の誘因ないし感得する主体こそがホワイトヘッド哲学の根底に据えられているのであり、こうした感得によってこそ、ひともまた行為しはじめ、そして思考しはじめる。この感得のうえに意識が派生的に存在するのであって、この意識によって真偽の判断がなされ、論理的に事象が分析可能になり、科学的思考へと飛躍することができるのだ。感得から造り出される科学こそ、ホワイトヘッドの求める自然科学であるだろうし、この感得という根本的な位相に定位するものこそホワイトヘッドの哲学であるのだ。

具体的な感得の位相に定位せずに、抽象的な科学のみで思考される自然は、そもそもホワイトヘッドにとって、置き違えられた具体性の誤謬である。先の章で少し触れたが、今一度これについてみてみよう。ホワイトヘッドは次のように述べている。

物質の瞬間的配列がたんに位置を占めるということは、それが時間に関係する限り、またそれが具体的自然の根本的事実と考えられる限り、ベルクソンが抗ったものである。彼はそれを、知性による事物の「空間化」に基づく自然の歪曲と呼ぶ。私はこのベルクソンの論難に同意する。しかしながら、そうした歪曲が知性による自然把握に必ず伴う悪である、ということには同意しない。[…] なるほど一つの誤りはあるが、それは抽象的なものを具体的なものと取り違える偶然的な誤りにすぎない。それが「置き違えられた具体性の誤謬」と呼ぶ一例である(SMW, p.50)。

物質がたんに位置を占めて存在することは、具体的にある場所に存在することとは異なるのだという。例えば、ここにあるコップの位置を解析するにあたって、空間的には質点という仕方で記述される。コップが「今ここにある」という具体的な事実が抽象的に記述されるさいには、瞬間的配列に整理され質点という理念的な仕方でたんに位置を占めて記述される。これをホワイトヘッドはベクルソンにならって、具体的なものは時間的であり、抽象的なものは空間化されているのだと述べている。しかしホワイトヘッドがベルクソンと異なるのは、これは第I部3章でも触れたように、ベルクソンは空間化されたものが事実ではないとして空間化されたものを考慮に入れず、時間的なもののみで考察を行なうとしているが、そうではなくてホワイトヘッドは空間化されたものもまた具体的なもののある一定の側面であることは認めている。そして、空間化されたものだけで、つまり抽象的なものだけで、具体的なものを記述しているのだとするのは誤りだとして、置き違えられた具体性の誤謬を説いているのである。2章でも論じてきたように、こうした置き違えられた具体性の誤謬を批判し、私たちの具体的な経験における主体が対象や与件を取り入れていくさまが抱握であった。そしてまたこの抱握こそが肯定的な感得でもあり、その感得こそ『過程と実在』において具体性を表現する出来事や現実的存在ないし現実的契機という主体の有様でもあった。

4　まとめ

ホワイトヘッドの具体性とは科学的な認識をも含み持つものであるが、科学的な見方そのものではなかった。ホワイトヘッドがイギリスロマン主義の自然に関する詩を分析したのは、こうした科学と私たちの経験との分離やその相克として（自然の二元分裂批判として）展開したものであった。このときとりわけシェリーの詩はホワイトヘッドの具体性を表象する格好の題材であり、かつそうした詩を表現する言葉の領域ですらやはり感得に根ざしたものであった。むろん科学は自然を抽象的に表現するが、それは高度の意識の産物であり、抱握＝肯定的な感得といった具体的な相における表現ではない。ホワイトヘッドにとって具体的なものとは生成し、抱握する、感得する。このようにホワイトヘッドは独自の概念を生み出し（時には改変し）、それを使って自らの形而上学を展開した。こうした独自の概念を編み出していくホワイトヘッド哲学をステンゲルスは彼女の浩瀚な書物の副題で「概念の自由で野生的な創造（une libre et sauvage création de concepts）」と名付けている。*84 私たちは初期の数学基礎論からホワイトヘッドが概念の自由で野生的な創造を行うようになった後期形而上学にようやく到った。

*84　Isabelle Stengers, *Penser avec Whitehead, Une libre et sauvage création de concepts*, Seuil, 2002.　また本章のエピグラムにも取り上げたように、この語は、ドゥルーズとガタリの『哲学とは何か』における語である。

第Ⅲ部　生成のほうへ

ここまで私たちは、ホワイトヘッド哲学の初期から中期を経て、後期の形而上学へと読解を進めてきた。第Ⅲ部1章では、ホワイトヘッドにおけるライプニッツ哲学の影響、とりわけモナドロジーの影響を精査する。なかでもフォードとワラックの解釈を手がかりに現実的存在ないし現実的契機がいったい何であるのかをみていくことで、彼の後期哲学における具体性の位置に据えられたそれの内実を明らかにする。ここで、ホワイトヘッドの現実的契機ないし現実的存在はきわめてモナド的であることが理解されるだろう。

次いで2章では、ここで後期ホワイトヘッド哲学のこれまでの議論を基に、具体性の哲学の到達点である生成消滅の図式を議論していこう。生成消滅は抱握の過程によって記述されていく。そこでは最終的に充足という仕方で、現実性が消滅する。生成し、消滅すること。こうした形而上学的議論の白眉が『過程と実在』において語られる。そのなかで、私たちはホワイトヘッドの議論を批判的に語ることになる。生成を語るその刹那は、実は消滅しているものを語っているということになるのだ。私たちはそこから抜け出すことはできるだろうか。目下のところ、抜け出す方策はない。しかしながら、それでもなお、ホワイトヘッドは、そして私たちは具体的なものに拘泥することで、この現実を、自然を、そして宇宙を語る。具体性無くして、この世はないからだ。そして言うまでもなく、常にこの具体性は生成している。そして消滅している。生成と消滅が共に語られることが、ホワイトヘッド形而上学そのものなのだ。

1章　現実的存在とは何か

いかなる理念的な現実存在もない。理念的なものは、現実存在の種類の一つではない。

——エチエンヌ・スーリオ[*85]

0　はじめに

ホワイトヘッドは、彼の主著でありきわめて読解が難解な書物であると言われる『過程と実在』のなかで、現実的存在ないし現実的契機という術語を中心に自らの哲学を展開している。これらの語はその後の彼の著作においても中心を担うものとして採用されており、彼の哲学のアルファでありオメガであるといえる。しかしながら、これらの術語の姿を明瞭に理解しようとするや否や、読解する私たちは、これらの語がいったい何について語られているものなのかという疑問に陥り、彼の書物を読むこと自体があやふやなまま宙吊りにされてしまう。このことが『過程と実在』の難解さを際立たせてしまっている一因ではないだろうか。

本章では、これまで明らかになってきた知見を基に、この現実的存在ないし現実的契機がいったい何を前提にして語られているのかを明らかにしていきたい。そのことで形而上学者ホワイトヘッド、あるいは具体性の形而上学としてのホワイトヘッド哲学を打ち立てていくことにしよう。

そのために、まずはホワイトヘッドが述べる現実的存在ないし現実的契機、そして出来事について確認していこう。次いでホワイトヘッド研究において決定的な読解をしているフォードの議論、そしてワラックのそれをみる。彼らの議論では、現実的存在ないし現実的契機をミクロなもの、ないしマクロなものとしてとらえるなかで、それぞれが対立しつつも示唆されるべき点があるからだ。次いで彼らの議論を検討したうえで、彼らの議論をより徹底した観点、つまり主体という観点で現実的存在ないし現実的契機を再び捉えてみる。そのなかで、しばしば親近性が取り上げられるライプニッツのモナドロジーをよりホワイトヘッドに寄り添いながらみることで、現実的存在ないし現実的契機はいったい何を前提としているのかが明らかにされる。

＊85　Étienne Souriau, *Les différents mode d'existence*, PUF, 1943, p.157.

1　自然の出来事――ミクロかマクロか

actual entity は、活動的存在や現実的実質、そして現実的存在、さらには現実的実有などと日本語に訳されており、実のところ訳語が定まっていない。*86 本書ではさしあたり、現実的存在と表記する。*87

まずこの現実的存在が、ホワイトヘッドによってどのように語られているのかみてみる必要がある。先にも触れた箇所であるが今一度ホワイトヘッドの言を召還しよう。

現実的存在――現実的契機とも呼ばれる――は、世界がそれからなる究極的な実在の事物である。現実的存在の背後に何かを探してもそれ以上実在的なものなどはない。現実的存在はそれぞれ異なっている。神は現実的存在であるし、遠くの空虚な空間にある現実存在（existence）の些末な塵芥もまたそうである。しかしながら、さまざまな重要さの度合いがあるし、機能の多様性があるのだが、現実性（actuality）が例証する原理においてすべてが同じレベルにある。究極的な事実はすべて同様に現実的存在であるし、こうした現実的存在は経験の雫であり、複合的で相互依存的である（PR, p.18）。

ホワイトヘッドにとって、この現実的存在こそ究極的な実在する事物であり、これを度外視して実在するものなどはないとしている。そしてすべてが現実的存在であり、この世界は現実的存在に満たされているといっても良いだろう。神も塵芥も現実的存在であり、それぞれが原理的に同じレベルなのである。もちろんそれぞれのレベルで、つまり各々の現実的な位相で、重要さや機能の違いが存在している。神は現実的存在に価値を与えてくれるかもしれないし、塵芥は宇宙空間にただ浮遊しているだけかもしれない。そして一つの単独的な現実的存在だと思われたとしても、実のところそれぞれが相互に絡みあい、経験をしているというのだ。

ホワイトヘッドは、このように現実的存在を語る以前は、出来事という語を中心にして――『自然認識の諸原理』（一九一九年）や『自然という概念』（一九二〇年）のなかで――自らの哲学を「自然哲学（philosophy of nature）」と名づけ議論を展開していた。この哲学で展開された

＊86　活動的存在と訳している者に、中村昇（『ホワイトヘッドの哲学』講談社、二〇〇七年）や田中裕（『ホワイトヘッド』講談社、一九九八年）がおり、現実的実質と訳している者に、山本誠作（A・N・ホワイトヘッド『過程と実在』松籟社、一九八四年）がいる。また現実的存在と訳している者に平林康之（A・N・ホワイトヘッド『過程と実在』みすず書房、一九八一年）が、現実的実有と訳しているものに松延慶二、大塚稔（Ch・ハーツホーン『ホワイトヘッドの哲学』行路社、一九八九年）がいる。なお、フランス語訳（D. Charles他訳、*Procès et réalité*, *Gallimard*, 1995.）では、entité actuelle であり、ドイツ語訳（H. G. Holl 訳、*Prozeß und Realität*, Suhrkamp Verlag, 1984.）では、Wirkliche Einzelwesen である。フランス語は英語の直訳であるが、ドイツ語の場合は、「個体」といった意味合いが強いように思われる。

＊87　なお本文中の現実的存在、現実的契機、存在、契機はすべて同義とみなす。

出来事は、「自然のより具体的な要素」（CN, p.33）であり、そこから科学的な時間や空間が抽象化されるものである。

ここまでみてきたように、ホワイトヘッドの中心的なターム（現実的存在ないし現実的契機や出来事）は、自然理解のための、しかも具体的な様によって捉えられる自然理解のためのものだということはこれまでで確認してきたことであった。では、現実的存在ないし現実的契機と出来事がやはり名前が異なっているというのは、何か理由があるのではないだろうか。この点に関して、まずはホワイトヘッド研究の代表的存在であるフォードの解釈と照らし合わせて検討してみよう。フォードの書物はホワイトヘッドの講義録を検討しながら、どの時点で現実的存在ないし現実的契機が誕生し、出来事と異なる仕方でこれらの概念が提出されはじめたのかを詳らかにしている。

そのなかでフォードは出来事と現実的契機との違いを鋭く区別している。フォードにとって現実的契機は「時間的実現の原子的な単位」（EWM, p.13）であり、その一方で「出来事は大きかろうが小さかろうが、任意の時空的体積である」（EWM, p.13）。現実的契機は分割不可能な存在論的な単位である一方で、出来事は分割可能な認識されたものの単位である。現実的契機は内包的にも外延的にも生成という仕方で語られるのであるが、出来事はあくまで外延的な仕方で検討される。現実的契機であれ、出来事であれ、生成については語っているのであるが、出来事の生成が明瞭に語られるようになるのは、第Ⅱ部1章でも触れたように『科学と近代世界』や『過程と実在』を待たねばならない。それに対して現実的契機の生成を分析するさいに、彼は、「契機は、生成の一定の存在論的単位であり、唯一の合生や現実化の過程である」（EWM, p.13）と述べるように、合生や現実化の過程という術語を使用する。合生には、growing together という語義があり、現実的契機という一つの存在論的な生成の単位が内包的に生成される様を語るさいに、当の現実的契機がさまざまな要素を取り入れ、ともに成長していくことという含意がある。一つの、たった一つの現実的契機が生成するさいに、その現実的契機は合生を行なっているのである。

　このとき、フォードは現実的契機に「時間的原子性（temporal atomicity）」という特徴を規定している。先にも述べたように、唯一の存在論的な単位であり、分割不可能な、いわば特異性が担保されているという特徴である。フォードは『科学と近代世界』に所収されることになった「量子論」を論拠に、ホワイトヘッドは前期量子論から影響を受けたうえで、時間的原子性を展開していったと議論している。[*88] そしてその後の論文でフォードは、「彼［ホワイトヘッド］の現

＊88　EWM, p.9 や p.18 そして pp.51-65 参照。また田中はフォードの解釈と関連させて次のように述べている。「もともと、ホワイトヘッドの形而上学自体が、ルイス・フォードに依れば、量子論との接触を機縁として生まれたものであることを想起すれば、このこと［量子力学の解釈問題］は十分に首肯される事柄である。ただしホワイトヘッドが「科学と近代世界」で引用したのは、前期量子論における作用量子の存在ということまでであって、ボーア、ハイゼンベルクによって成された物理理論としての量子力学を彼がどの程度知っていたかについての文献的な証拠は、私の知る限り全く存在しない」（田中裕「量子論の世界――プロセス哲学からの考察」（遠藤弘編著）『プロセス思想研究』南窓社、一九九九年、二三九頁―二四〇頁）。

実性の単位はすべて極端に小さい」（IO, p.107）と述べ、いわばミクロなものが現実的存在ないし現実的契機であるかのように結論づけている。

なるほどそれ以上分割できない素粒子は、ホワイトヘッドの現実的契機の時間的原子性と重なっているように思われる。しかしながら、中期からの着想、そしてまた最初に引用した『過程と実在』の文言を想起するならば、出来事や現実的存在ないし現実的契機は、果たして素粒子だけにあてはまるようなものだろうか。確かに前期量子論をモデルにして現実的契機を検討するようになったかもしれないが、科学的認識と私たちの直接的な知覚経験とがないまぜになった出来事や、人間という存在そのもの、そして塵芥といった現実的存在ないし現実的契機は文字通り素粒子などではない。やはり、素粒子のようなミクロなものだけがホワイトヘッドの世界観であるとはどうもいいがたい。

こうしたフォードの解釈とは対照的に、ワラックは現実的存在ないし現実的契機を「何であろうとも具体的な現実存在（any concrete existent whatever）」（ENP, p.23）と考える。第Ⅱ部1章でも触れたように、彼女はホワイトヘッドが記述している現実的存在ないし現実的契機を列挙していた（ENP, p.28-29）。そこでは、ホワイトヘッドが述べている現実的存在ないし現実的契機、そして出来事は多岐にわたる。中期の哲学から一貫して理解することができるものもあれば、時間的に過去のものや観念、文章や記号、そして音楽や自我、さらには霊魂といったものや、私たちは今知らないがこれから知るかもしれない何かも含まれている。このようにみてみると、過去のものであれ未来のものであれ今現在それらが生起している、という点ですべからく何であろうとも具体的な現実存在であると考えることはできる。先のフォードは、こうしたワラックの解釈に対して、自らの立場からの理由をきちんと提示せずに、ただたんに説得的ではないと結論づけてしまっている（IO, p.109）。たしかにフォードのように緻密に講義録を取り上げ、先のようなミクロなものを前提したものからすると、ワラックのホワイトヘッド論とはまったく以て異なる解釈となるのは当然である。

　ワラックがホワイトヘッドの文言から拾い上げていく現実的存在ないし現実的契機は、ミクロなものというよりはむしろマクロなものとしても解釈できる。またホワイトヘッドが正式に刊行した書物に描かれていることをワラックが列挙していることを考慮するならば、必ずしもフォードのワラックへの論難が正しいとはいえないのではないか。

2　モナドとしての現実的存在ないし現実的契機

　とはいえ、もう少しフォードのホワイトヘッドの議論と、ホワイトヘッド本人の議論とをみてみよう。むろんワラックのマクロな解釈だけが正しいわけではない。先にフォードが述べていた出来事と現実的存在ないし現実的契機との区別のなかで、合生や現実化の過程というタームが出てきていたのであるが、そうしたタームにかんしてはホワイトヘッドの解釈として妥当である点をみてみる。

先にも述べたように、合生とは一つの存在論的な単位となっている現実的存在ないし現実的契機がさまざまな要素を内包的に取り入れる様であった。例えば、ある一匹の昆虫が存在しているとする。その存在は「ある一匹の昆虫」という単位でありながらも、その昆虫は次の瞬間どこかに移動しようと蠢いている。そのときこの昆虫は自らの単位を保持しながら、食料を探すなどの行為を行ないながら自らの欲求をみたそうとし、その欲求とともに成長していく。こうした合生によってある一匹の昆虫という原子的単位が現実化していく。フォードが先の文言でまとめていたように、ホワイトヘッドにとって現実的存在ないし現実的契機は常に生成途上のものであり、ホワイトヘッドは時間的原子性というタームを直接は用いてはいないものの、その都度の現実的存在ないし現実的契機の原子化（一つの確固とした個体へと生成すること）の議論が合生や現実化というタームを用いて終始『過程と実在』のなかで割かれている。この文脈でホワイトヘッドが強調するのが、ライプニッツのモナドロジーである。ホワイトヘッドは次のように原子化の議論に続けてこう述べている。

これはモナドロジーである。しかしこれとライプニッツとの差異は、彼のモナドが変化する点にある。有機体理論においては、モナドはただ生成するのみである。それぞれのモナド的創造物は、世界を「感得する」過程の一つの様態であり、複合的な感得の一つの単位のなかで、それぞれが決定的な仕方で世界に宿る過程の一つの様態である。この単位が「現実的契機」であり、それは創造的過程から派生する究極の創造物である（PR, p.80）。

自らの哲学――ここでは有機体理論とホワイトヘッドは述べている――の中心を占める現実的存在ないし現実的契機は、モナドであるとホワイトヘッドは述べている。よく知られているように、モナドは真の原子であり、窓のない[*89]「一つの単純実体（une substance simple）」である。もちろんモナドロジーの冒頭でも書かれているように、一つでありながらもそれは複合体を構成するし、同時にそれが複合体でもありうる。しかしながら、複合体が存在するということは、それを構成するそもそもの単純実体がなければならないと述べられているように、その単純実体だけをみてとるならば、やはり一つの存在論的な単位として分割不可能な確固とした実体なのである。こうした分割不可能な一つの単位という点にホワイトヘッドは共鳴しているように思われる。しかしながら彼によると、ライプニッツのモナドとは変化するという点が異なるという。どういうことか。

ライプニッツのモナドロジーでは、一つのモナドのうちでの「表象（perception）」が同じモナドのうちで別の表象へと刻々と推移する状態が含意されており、さまざまな出来事の時間的な

＊89　しかし、本稿で明らかなように、ホワイトヘッドのモナドは物理的抱握という仕方で物理的な影響を考慮するがゆえに、「窓のあるモナド」と言えるだろう。

継起が担保されている非延長的な実体であると語られている（M, p.609）。そのとき、モナドは一つでありながらも「宇宙を映す生きた永遠の鏡（un miroir vivant perpétuel de l'univers）」であり、宇宙全体をモナドの表象の仕方の程度の差はあれども内包している。ここで変化として表現されているある種の時間的な様は、物体のような外延的な位相ではなく精神といった内包的な位相に措定されており、一つの論理的な起点としてその都度のパースペクティヴとなっている。それゆえ、モナドは実体であり、論理的な主語や主体としての位置を占める。そうであるのに対して、ホワイトヘッドのモナド、つまり現実的存在ないし現実的契機は、実体でもなく、また非延長的な実体でもない。それゆえ、ライプニッツ的な仕方での論理的な主語とは異なる。この点については後述しよう。現実的存在ないし現実的契機は、変化する個体としては考えられておらず、時間的な変化もまた原子化される（PR, p.68）。ホワイトヘッドにおいて一つの現実的存在ないし現実的契機が生成するということは、時間（や空間）そのものがまるごと生成されることである。もう少し説明しよう。ホワイトヘッドのモナドは、つまり現実的存在ないし現実的契機は、それが一つの単位として生成することで時間や空間が現れるのであり、内包的な位相ではなく、外延的な位相に時間や空間が措定されている。「連続性の生成はあるが、生成の連続性などない」（PR, p.35）。本章の冒頭のホワイトヘッドの引用にもあるように、すべてが現実的存在ないし現実的契機である以上、この世界は現実的存在ないし現実的契機で満ちている。もちろんこの点ではライプニッツの「十分な理由の原理（principe de la raison suffisante）」と重なるものである。

現実的存在ないし現実的契機はモナドである以上、何かしらの起点になり、ある意味では主体＝主語である。ホワイトヘッドにとってのモナドはあくまで現実的なものであり、そこでは具体的な何かしらの事物や契機、そして出来事である。それに対してライプニッツのモナドは事物というよりもむしろ精神的な実体として語られており、彼らの措定しているモナドの位置がそれぞれ異なっているのが理解されるだろう。そして時間はホワイトヘッドにとって外延的であり、ライプニッツにとって内包的であった。その意味でホワイトヘッドのモナドは、ライプニッツのモナドの変化という点とは異なる。

このように、ホワイトヘッドが自らの議論をホワイトヘッドなりのモナドロジーであると記述しているのにもかかわらず、フォードはホワイトヘッドとライプニッツとを共に論じようとはしていない。[*90] とはいえ多くの論者がホワイトヘッドとライプニッツの親近性を説いており、この点は看過されるべきことではない。[*91] しかしながら、構造の親近性のみを説く論者が多く、ホワイトヘッドの哲学におけるモナドロジーのこうした受容を議論するものはいない。

ここからもう少しホワイトヘッドに沿いながら、現実的存在ないし現実的契機のモナド的側面を検討してみよう。現実的存在ないし現実的契機は時間や空間そのものであるような存在論的な単位であり、生成途上のものであることはフォードの議論とモナドロジーから露になった。そこで生成途上の様、つまり合生をより詳しくみてみよう。

ホワイトヘッドにとって神も現実的存在であった。同じこの世界に住まう。とはいえ、神は人間をはじめとしたもろもろの現実的存在にさまざまな「欲求（appetition）」を与えてくれるという点で私たち人間などのもろもろの存在や契機とは異なる。*92 この欲求概念を語るさいに、彼は再び「ライプニッツ『モナドロジー』を参照」という注をつけている。この点でホワイトヘッドのモナドロジーからの影響関係を私たちは考えることができる。ホワイトヘッドによれば欲求とは「今はないが、あるかもしれないものの実現をうちに含み、それ自身のうちに不安定な原理を含む直接的事態である」（PR, p.32）。どんな現実的存在や現実的契機であれ、有機物であれ無機物であれ欲求を有し、常に実体のように安定せずに、不安定に絶えず揺れ動いている状態といえよう。こうした欲求に基づいて、現実的存在ないし現実的契機が抱握する。

比喩ではあるが、生成する現実的存在ないし現実的契機は、次の瞬間どうしようかと思案しているとする。人間ならば、渡ろうか渡るまいか橋の上で思案する。ひまわりならば太陽はどこか探そうとする。電子ならばどのスリットを抜けようか考えている。これらの現実的存在ないし現実的契機は自らに内属するさまざまな概念的な取り入れ（概念的抱握）に呼応して自らを限定づけて、心的な側面から自らの物理的な側面を実現化していく。もちろん、先のホワイトヘッドが述べた「変化する点」にライプニッツの欲求がかかわることから、厳密にはホワイトヘッドが参照しているライプニッツ的な意味での欲求にかならずしも当てはまるものではない。しかしながら、一つのモナドがもろもろの内的な傾向を有するという点で、ホワイトヘッドの述べたい主張にかかわる。生成しつつある現実的存在ないし現実的契機は、常に欲求を有しながら活動しているのである。

ここで疑問に思われるかもしれないのは、「心的」といったタームである。人間ならば精神活動を行なっていることも理解できなくもないが、動物だけでなく、植物や石といった何であろうとも具体的な現実存在に心的極など存在するのであろうか。こうした疑問に対して、ホワイトヘッドはフロイトの心理学の例をひきながら、「「欲求」という語は、専門用語にひそむ危険を示

＊90　フォードは、L. S. Ford, "Structural Affinities Between Kant and Whitehead", *International Philosophical Quarterly* 38 (3), pp.233-244. の冒頭で、ホワイトヘッドがカント以前の哲学者について熱心に読解していたのは、デカルト、ロック、ヒュームであり、ライプニッツやスピノザではないと述べている。そのなかでもフォードは、ホワイトヘッドがカントからの影響を強く受けているとして、カテゴリーの図式や同名の概念を比較し、相違を検討している。たしかにフォードの述べるように哲学図式の構造はカントのそれと似ているかもしれないが、このフォードの論文ではホワイトヘッドに内在した仕方での受容や比較が行なわれているとはいいがたい。また『過程と実在』では、なるほど「デカルトからカントへ」や「ロックとヒューム」という章は存在する。しかしながら、これらの章では、フォードが主張していた原子性や個体性についての議論が中心に割かれているわけではない。そうではなくてむしろ、『過程と実在』においては、彼が主張していた原子性の議論の根底の一つに、ホワイトヘッドのモナドロジーへの言及があることを強調しておきたい。

＊91　例えば、Benoît Timmermans éd, *Perspective Leibniz, Whitehead, Deleuze*, Vrin, 2006. では、イザベル・ステンゲルスをはじめとした論者によるホワイトヘッドとライプニッツの哲学の構造的類似性が説かれた論文が多く書かれている。ただしほとんど参考にならないこと付言しておく。

＊92　PR, p.32ff. なおウィルモット Laurence. F. Wilmot, *Whitehead and God*, Wilfrid Laurier University Press, 1979, p.60. によれば、神はもろもろの存在や契機の実現化を欲求という仕方で促すと論じられている。

している」（PR, p.33）と述べている。つまり、人間経験に現れるような橋の上での思案は確かに欲求であるが、それだけではなくて、石もまた欲求を有し志向を有するのであり、その様をライプニッツにならってホワイトヘッドは欲求と呼んでいるのである。何であれ欲求を神によって与えられ自らを生成していく。こうした意味で、ホワイトヘッドは現実的存在ないし現実的契機を主体として捉え、志向を有する創造的なものと考える。それゆえ、「主体的志向は、一つの創造物としてのそれ自身の自己創造を決定するこの主体そのものである」（PR, p.69）。

現実的存在ないし現実的契機は、主体であり欲求を持つことで志向し、自らを形作っていく。このときに抱握という主体のあり方がかかわることは先に指摘した。ライプニッツは、よく言われるように宇宙を論理的な思考のアルファベットとして理解しようとする立場であり、何かしらの論理的主語を起点に、属性としての述語へと時々刻々と命題の真偽の水準で語ることができる[*93]のに対し、ホワイトヘッドは論理的主語を一応は措定するものの、宇宙を命題の真偽の水準で考察しない。どういうことか。第Ⅱ部1章や3章でも述べたように、ホワイトヘッドの主体論は自らのそれを改変された主体主義と唱えていたのであり、言わばライプニッツが前提としているような主体＝主語を鋳直している。ライプニッツのモナド的主体が精神的で意識的な側面から語られるのに対して、ホワイトヘッドにとって意識とは「複合的な統合の後期派生相においてのみ生じる」（PR, p.162）ものであり、根源的なものではない[*94]。むしろ「原初的要素は共感、つまり他なるものにおける感得を感得し、他なるものとともに順応的に感得することである」（PR, p.162）

のだ。

第Ⅱ部1章3節と3章2節でも述べたように、この「感得のための誘因」とは、後続する与件のために当の現実的存在が超体として潜在性の領域に到達していることでもある。このことがホワイトヘッドにとって、相対性原理と呼ばれるものであった。こうしたことは当の現実的存在ないし現実的契機が対象的不滅性を有していることでもある。現実の私は未来の私に潜在し、対象的にも不滅なのだ。そしてこのように現実と潜在の抱握という仕方での動的なかかわりによって、この世界はホワイトヘッドによって過程として語られているのだ。

＊93　例えば、ライプニッツはモナドロジーにおいて十分な理由を原理として挙げ、「これによって私たちは、事実がなぜこうであってそれ以外ではないのかということに十分の理由がないならば、いかなる事実も真であること、あるいは存在することができる、またいかなる命題も真であることはできない、と考える」（モナドロジー31節）と述べている。もちろん「ほとんどの場合私たちには知ることができない」としながらも、やはり存在は命題的に真であるものとして語られている。

＊94　ホワイトヘッドにとって無機物から意識を有した有機体までが存在であり、それらすべてに共通する水準が意識なき相である。例えばホワイトヘッドはこのように区別している。「現実世界において、私たちは相互に峻別することができない四つの段階の現実的契機を認める。まず最低段階のものとして、いわゆる「真空」における現実的契機がある。第二に、電子やその他の原始的な有機体のような、持続する無生物の生活史における要素である現実的契機がある。第三に、持続する生物の生活史における要素である現実的契機がある。第四に、意識的知識を有した持続物の生活史における要素である現実的契機がある」（PR, p.177）。

3　まとめ

ホワイトヘッドにとって現実的存在ないし現実的契機とは何であろうか。まずフォードが述べるように出来事というタームに端を発し、自然を理解するための存在論的単位であった。そして出来事と現実的存在ないし現実的契機とが異なるのは、その外延的な特徴であった。出来事は分割可能であるのに対し、現実的存在ないし現実的契機は分割不可能であった。この点において、フォードは時間的原子化が後者において語られるようになっていると述べていた。私たちが第II部1章でも指摘したように、後期形而上学に至って主体性を議論することで、生成がホワイトヘッドにとって十全に語られるようになったのであるが、フォードもまた現実的存在や現実的契機とホワイトヘッドが語る頃にようやく時間的な存在や契機の個体化が語られていると述べていた。そしてフォードはここからホワイトヘッドの『過程と実在』の議論を離れて前期量子論の影響について言葉少なに語り、ミクロなものをこれら存在や契機に割り当てて議論を展開していた。しかしながら私たちは『過程と実在』に即すことで、個体の議論をライプニッツのモナドロジーに源があることを指摘した。ホワイトヘッドが述べるように、自らの哲学はモナドロジーなのだ。むろん、異なる箇所が存在する。変化する点、実体や精神実体か否かという点、主体性にかんする点だ。他にも第I部4章でもドゥルーズの解釈から析出してきたライプニッツの考えとの異動も想起されたい。ライプニッツのように永遠的なものを出来事が取り入れる一方で、不共可能的な存在をホワイトヘッドは念頭に置いていた。それは、ここでも述べたように、唯一の単独的な現実的存在と現実的契機が生成していくという点であり、それは抱握という観点、それも否定的抱握と肯定的抱握という点でドゥルーズによって差異が強調されていた。この抱握にかんしては第Ⅲ部1章のドゥルーズとホワイトヘッドとのあいだの差異にも通じる。

　現実的存在ないし現実的契機はフォードのようにミクロなものも含まれるだろうが、私たちはワラックが述べたように何であろうとも具体的な現実存在こそが、現実的存在ないし現実的契機であると考える。もし現実的存在ないし現実的契機が素粒子であるならば、それこそ森羅万象を科学でのみ理解しようとしてしまう事態となり、置き違えられた具体性の誤謬である。そうでなければホワイトヘッドは、自然を、そして宇宙を形而上学的に捉えたモナドロジーに言及することなどない。具体性の哲学でなく、素粒子の哲学であるならば、ホワイトヘッドの哲学など私たちには無用の長物だ。私たちはフォードに連帯の挨拶を交わしながらも離反する道を歩もう。

2章　生成消滅の形而上学

わたくしといふ現象は
仮定された有機交流電燈の
ひとつの青い照明です
（あらゆる透明な幽霊の複合体）
風景やみんなといつしよに
せはしくせはしく明滅しながら
いかにもたしかにともりつづける
因果交流電燈の
ひとつの青い照明です
（ひかりはたもち　その電燈は失はれ）

——宮沢賢治*[95]

0　はじめに

私たちは生成途上のさまを具体的なものに即して語ることができるのであろうか。ホワイトヘッドの後期形而上学では、フォードが述べるように現実的契機ないし現実的存在が時間的原子化という特徴を有する点が描かれている。もちろん現実的存在ないし現実的契機はフォードのように素粒子を前提としたものではなく、前期量子論の議論があくまで仮説的な前提として採用されて語られているのであり、やはりワラックが取り上げたように何であろうとも具体的な現実存在が現実的存在ないし現実的契機の本性であると本稿では考える。こうした何であろうとも具体的な現実存在が原子化するという議論が、ホワイトヘッド後期形而上学の中心的課題である。この原子化とは、言うまでもなく、現実的契機ないし現実的存在が自らを形作ることであり、この点に生成と消滅という論点がかかわる。1節でまず、このホワイトヘッド後期形而上学の議論の要をなす時間的原子化の議論をホワイトヘッドに即して、図式化していこう。この図式をみていくことで、ホワイトヘッド後期形而上学の到達点を示すとともに、彼の思考の一つの見取り図を提供することができる。2節でこうした図式を確認した上で、原子化そのものはどのように描かれていくのかということ、つまり生成途上のあり方をみていこう。この生成途上のあり方とは、やはり、抱握である。この抱握の初段階をホワイトヘッドに即して議論していくことで、私たちは、生成と消滅が同時に語られているという場面に行きたる。私たちは生成途上の様を具体的なものに即して語ることができるのであろうか。

1　原子化

まずホワイトヘッド後期形而上学にとって何よりも重要な術語は現実的存在ないし現実的契機

＊95　宮沢賢治「春と修羅」『宮沢賢治全集Ⅰ』ちくま文庫、二〇一三年、一五頁。

であった。いま一度確認してみよう。

「現実的存在」――現実的契機とも呼ばれる――は、世界がそれからなる究極的な実在的事物である。現実的存在の背後に何かをみいだそうとしても、それ以上に実在的なものなどない。現実的存在は互いに異なっている。たとえば、神は一つの現実的存在であるし、はるか彼方の空虚な空間にある最も些末な現存する一吹きもまたそうである。重要さには段階があり、機能の多様性があるものの、現実性が例示する原理において、すべては同一レベルにある。究極的事実は一様にすべて現実的存在である。そしてこれらの現実的存在は複合的かつ相互依存的な経験の雫である（PR, p.18）。

ホワイトヘッドにとってこの世界は現実的存在ないし現実的契機に満ちている。実在とも言い換えられ、それぞれの実在が唯一無二のあり方をしている。神であれ、塵芥であれ、何であろうとも具体的な現実存在がそれである。こうした実在が自ら能動的に経験するさまは第Ⅲ部1章でも触れた。そして第Ⅱ部2章でも述べたように、こうした経験の有様は抱握＝肯定的感得という仕方で語られる。そしてこの抱握＝肯定的感得によって実在は生成していく。ある実在にとって、他の実在には感得のための誘因があり、ある実在は他の実在を抱握＝肯定的に抱握したり否定的に抱握する。そして実在は自らを創造して行き、またある他の実在にとっての感得のための誘因となる。このとき、他の実在はある実在にとっての与件であるし、ある実在は他の実在にとっての与件である。こうした実在に満ち、そして相互に生成していく世界がホワイトヘッドにとって「現実世界（actual world）」（PR, p. 65etc）と呼ばれる。またこの現実世界においてある実在が生成し、そして消滅していく過程が描かれるとき、この現実世界は与件としての「延長的連続体（extensive continuum）」（PR, p. 65etc）とも語られる。この現実世界と延長的連続体についてホワイトヘッドは二つの形而上学的仮定として語っている。ホワイトヘッドの言を引こう。一つ目が現実世界についてである。

現実世界は、それが定着し、現実的ですでに生成したもろもろの存在の共同体である限りにおいて、それ自身を超える創造性のための可能性を条件付け、制限する、ということだ。この「所与の」世界は、決定された所与をその現実的存在の性格が与えるそれ自体の対象化という形式のなかで提示される。このことは、たんにその本性の一般性に考察された永遠的対象によって与えられる一般的可能性に課せられた制限なのだ。それゆえ、どの現実的存在に対してもそれぞれ定着した現実的存在および「実在的」可能性について「所与の」世界が存在する。それは、その立脚点を超える創造性にとっての所与である。この所与は、現実的存在を構成している過程におけるはじまりの相であるが、感得されるという過程のための可能態という性格における現実世界そのもの以外の何ものでもない。このことは、すべての「存在（being）」は、

「生成」のための潜在的なものであるという、形而上学的原理を例示している、現実的世界は、それぞれ新しい創造の「対象的内容」なのだ（PR, p.65）。

ホワイトヘッドの図式において、まず所与の現実世界がある。そこでは現実的存在に満ちている。こうした現実的存在に満ちた現実世界が生成したのは、究極的な創造性のゆえんであるが、この創造性についてはひとまず措こう。なぜこの存在、この世界が生成したのかをより具《つぶさ》に捉えるとすると、それがそうなったところの可能性ないし潜在的なものがあったからだ、ということになる。理念的な水準では永遠的対象があり、それは一般的可能性と述べられている。それに対して実在的な水準では先行する現実的存在があり、それは実在的可能性と述べられている。この後の文言でこれら可能性の二つを定義している。まず「一般的可能性」については「永遠的対象の多様性によって与えられる、相互に両立的であるか、選択的であるかという、もろもろの可能態の束である」。次いで「実在的可能性」については「現実世界によって与えられる所与によって条件づけられる」。そしてこう述べていく。「一般的可能性は絶対的であるが、実在的可能性は、それによって現実世界が限定される立脚点とみなされるある現実的存在に対して、相対的である」。現実世界についての相対的というのは、「「昨日」とか「明日」といったように、その立脚的によってその意味を変えるようなもの」（PR, p.65）だと言う。ここで現実世界は実在的可能性とも述べられている。実在が生成するにあたって、実在的可能性という所与の現実世界が前提とされている。こうした実在的可能性から実在が生成するのであるが、それは実在がもろもろの可能性を抱握することで生成することでもある。次いで二つ目の形而上学的仮定である延長的連続体についての記述をみよう。

第二の形而上学的仮定は、あらゆる立脚点に関係する実在的可能性が、一つの延長的連続体の多様な決定として座標化されている、ということだ。この延長的連続体は、すべての可能的な対象化が自らのニッチをみいだす一つの関係的な複合体である。それは過去・現在・未来にわたる全世界の基礎だ。電子、陽子、分子および恒星系などの宇宙時代（cosmic epoch）に固有の付加的な条件とは別に、最大限の普遍性のなかで考えるならば、この連続体の特性はきわめて少なく、計量幾何学の関係を含むことはない。延長的連続体というものは、以下のようなもろもろの関係によって一つとなったもろもろの存在の複合体である。つまり、部分に対する全体の関係、共通部分をもつ被覆（overlapping）の関係、接触の関係、これらの原初的関係に由来する他の諸関係の関係ということだ。「連続体」という概念は、不定の可分性という特性と、無制限の延長という特性とを含んでいる。非存在には境界などなく、そしてどんな場合でも、存在の彼方には存在がある。この延長的連続体は世界のすべての過程の始めから終わりまでのあらゆる可能な立脚点の連帯性を表現している。それは世界に先立つ事実ではない（PR, p.66）。

とても難しいことを言っているようにみえるが、説明してみよう。まず現実世界として先まで記述されていたものが、現実的存在ないし現実的契機という存在の生成を語るために、延長的連続体と言い換えられている。現実世界も延長的連続体もともに実在的可能性であり、第I部2章でも触れたように、座標として現実的存在ないし現実的契機がこの延長的連続体で議論されるようになる。ここでニッチと呼ばれているのは、連続体のなかでそれを構成する一つの存在、つまり現実的存在ないし現実的契機のことであるが、それが生成するさいに抱握などの仕方でもろもろの対象や与件と関係を結び、そうした関係のいっさいが含まれた複合体が延長的連続体である。そうした延長的連続体は、電子や陽子などの物理学的な仕方での考察は延長的抽象化の方法によって——第I部1章でも述べたが『過程と実在』では「延長的結合」と言い換えられる——導出された先の空間では、つまりそうした物理学的なないし数学的な計量では延長的連続体は捉えられることはない。そうではなくて、もし捉えられるとするならば、現実的存在ないし現実的契機の偽現実性としての側面においてメレオロジカルに捉えることができる側面でもある。本章ではこの点には触れず、延長的連続体から生成消滅の議論をホワイトヘッドに即して語る。再びこの引用に戻ると、この延長的連続体は現実世界と同様、現実的存在ないし現実的契機を理解するさいの一つの立脚点であり、この連続体にはどこまでいっても現実的存在ないし現実的契機に満ちている。と同時に、現実的存在ないし現実的契機とともに存在しているのであり、延長的連続体があるから現実的存在ないし現実的契機が存在するというものではないとホワイトヘッドは語っている。

ここから「現実的存在は延長的連続体を原子化する」(PR, p.67) と述べて原子化の議論をホワイトヘッドは展開する (PR, p.67ff)。ある現実的存在が生成していく際に、それは延長的連続体とともに生成し、この連続体において生成する。このとき「この時空連続体では以前可能的であったものは、現実的存在の生成とともに、今やある現実的なものでは原初的で実在的な相となる」(PR, p.67)。実在的可能性と示されているものが実在である現実的存在のなかで実現していくことが生成として語られるのだ。現実的存在は抱握することがその主体性の特徴でもあったのは第Ⅱ部2章でも触れた。ある現実的存在は延長的連続体にある他の与件や対象を抱握するが、肯定的抱握はこのときすべての延長的連続体にある他の与件を抱握する。それと同時に、延長的連続体にある他の現実的存在はこの現実的存在を与件として抱握する。だから「こうして連続体は、それぞれの現実的存在において現在し、それぞれの現実的存在はその連続体に現在している」(PR, p.67) とも語られるのだ。[*96] このように、関係の複合体としての延長的連続体の特徴を説明することができる。ホワイトヘッドはこう述べている。

延長的連続体では、現実的存在がそれによって経験されるそのなかで一般的な関係的要素

＊96　むろん、第Ⅲ部1章でも触れたように、否定的抱握という仕方で与件や対象を排除することもある。

と、その単一の経験そのものとが一つの共通の世界の連帯性（solidarity）において統一される。現実的存在は、それを原子化する。こうして先にはたんに潜在的であったものが実在的になる。延長的連続体の原子化は、その時間化でもある。つまり、それ自身においてはまったく可能的なものであるものへ現実性が生成する過程なのだ。この体系的構図では、現実的過去と可能的未来を包含している完全性のなかで、それぞれの現実的存在が肯定的経験においてもろもろの与件や対象を抱握する（PR, p.72）。

ここで延長的連続体がもう少し繊細に議論されている。まず現実的存在に満ちたこの連続体は連帯性という仕方でも語られており、そのなかである特異な現実的存在がそうした連帯性を保持しつつ統一化されていく。それを原子化と呼んだり、時間化とも呼んでいる。実在的可能性としての延長的連続体はここで潜在的なものと語られており、その潜在的なものが原子化ないし時間化によって一つの現実的存在として実現する。一つの現実的存在が実現するや否や、第Ⅲ部1章でも触れたように「充足」し、それは対象化する。つまりある現実的存在は他の現実的存在にとっての与件となる。だから、現実的なものは他の存在にとっての可能的なものとなる。潜在的なものとともにある実在はそれがその潜在的なものを抱握していき、実在が充足という仕方で実現化するや可能的なものとなるのだ。このとき、充足した現実的存在についてホワイトヘッドはこう述べる。

現実的存在は主体的には「永劫に消え去る」が対象的には不滅（immortal）である。現実性は、消滅するとき主体的直接性を失う一方で、対象性を獲得する。それはその不安定の内的原理である目的因を失うが、その創造性を特徴づけている拘束の根拠である作用因を獲得する（PR, p.29）。

現実的存在が可能的なものとなるとき、それは抱握する主体ではなく、抱握される対象となる。そして現実的存在は先の章でも触れたように欲求を有する不安定で動的な存在ではなくなり、他の存在に作用を及ぼしうる与件や対象となる。こうした一連の生成消滅の過程そのものが先にひとまず説明を控えた、創造性なのだ。このようにして、現実的存在は生成し消滅する。

議論をまとめてみよう。まず可能性として永遠的対象として描かれる一般的可能性と延長的連続体として記述される実在的可能性がある。そして具体的な実在である現実的存在というこの三つの図式がホワイトヘッドにとって生成を考えるうえでの基本構図となる。現実的存在がもろもろの延長的連続体にある与件や永遠的対象を抱握することで自らを生成させていくのであるが、その際、延長的連続体におけるそうした可能性を潜在的なものと呼び変え、議論を展開していた。現実的なものと潜在的なものが抱握によって結びつき、またその潜在的なものに付随している永遠的なものもまた結びつく。こうして一つの現実的存在は複合体としても語られる。これは第Ⅲ

部1章でも触れたgrowing togetherの意味もある合生の様だ。またこの現実的存在はそれが実現するや否やその主体性は失われ、他の主体性にとっての与件ないし対象となる。このようにして、現実的存在は、過去の与件や対象を抱握すると同時に、未来の存在にとっての与件ないし可能性としても語られる。これがホワイトヘッドの後期形而上学における具体性の記述の一つの到達点であると言えよう。

2　抱握の初段階

ここまで確認してきたことは、現実的契機ないし現実的存在がいかに原子化していくのであろうかという過程を『過程と実在』に即してみてきた。とりわけ図式として、延長的連続体からの原子化という過程を取り上げてきた。こうした原子化は言うまでもなく、当の現実的契機ないし現実的存在が抱握＝感得していくことで達成されることだ。ここから議論すべきは、『過程と実在』における抱握の議論をみていくことになるだろう。私たちは第Ⅱ部2章で『科学と近代世界』における抱握概念の誕生を精査してきたのであるが、それを踏まえたうえで、今一度抱握について『過程と実在』における議論をひもとき考えてみよう。もう一度ホワイトヘッドが列挙するカテゴリーから言葉を引こう。

すべての抱握は三つの要因から構成されている。(a)抱握しつつある主体、つまりその抱握がそこで具体的要素となっている現実的存在、(b)抱握される「所与」、(c)その主体がその所与をいかに抱握するのかという「主体的形式」(PR, p.23)。

ここから理解できるように、現実的存在ないし契機は主体であり、その主体は抱握＝感得する。いうまでもなくそれは具体的なものだ。そうした具体的なものを起点に、現実世界にある所与を抱握していく。むろん自らを達成していくために与件を取捨選択しながら抱握＝感得していく。むろん否定的に抱握＝感得することは稀ではあるが。それが主体的形式であり、主体的に志向を有する点でもある。このように、生成しつつある動的な主体は抱握＝感得という仕方でさまざまに他の所与を取り入れる(あるいは除去する)ことで、ホワイトヘッドの生成の側面を記述することが可能になる。生成しつつある現実的存在は、抱握＝感得を通じてこそ、分析が可能になるのだ。「現実的存在の形成的構造の分析は、感得の過程のなかで、(i)反応相、(ii)補完段階、そして(iii)充足という三段階を与えている」(PR, p.212)。むろん、充足はこれまで述べてきたように、現実的存在が消滅するその刹那の事態である。「充足は、いっさいの未決定の蒸発を記す頂点にすぎない」(PR, p.212)。充足するとき、生成過程が終了する。ということは、生成は、ここでいう、(i)と(ii)に該当する。これらについて次のように述べている。

第一の相は、感性的な総合に対する対象的与件という形での現実世界の純粋な受容の相である。この相では、相互に前提し合う結合体に含まれた、私的中心を有した感得の多様性としての現実世界の、単なる受容がある。そこで感得は、外の中心に属するものとして感得され、私的直接生へと取り入れられはしない。第二の段階は、過程それ自体のなかでだんだんと形をとるような私的理想によって差配されている。そのことで、外来的なものとして派生的に感得される多くの感得は、私的なものとして直接感得される感性的弁別の統一性へと転換される。ここで「欲求」が入ってくるし、それがより高度に例証されているときは「ヴィジョン」と呼ぶ（PR, p.212）。

第一の相で、現実的存在は、自らを中心に、自ら以外の多様な与件を取り入れていく容れ物のようなものとして存在する。このときの感得は、とにかく、外的なものすべてを肯定的に抱握する。私的に好むと好まざるにかかわらず、宇宙全体を感得する。そして第二の相で、現実的存在は、次第に、主体性を発揮していく。神が欲求を与え、そこから、取り入れるべきもの、そうでないものを感性的に弁別しながら、現実的存在が不共可能的な存在へ、つまり、唯一無二のオリジナルな存在へと変貌を遂げていくことになる。そこからこの第二の相は、「二つの下位区分の相に区別される」（PR, p.213）。とはいえ、「本当は分離できない」とも述べているものだ（PR, p.213ff）。一つが、「感性的補完相」であり、もう一つが「知性的補完相」だ。前者は、主体性のとりわけ「情緒的」と呼ばれる相で、主体が感得したものは「私的なものとして再創造される」と述べられる。「青がそれとのコントラストのゆえに一層強められたり、形がその愛らしさのゆえに優勢になる相」だ。客観的というよりもむしろきわめて私的なものだ。だから「盲目性(blindeness)」とも述べている。そしてこの相は「概念的感得の流入、ならびにそれらと純粋な物理的感得との統合を必要とする」。雲一つない青空と辺り一面の雪景色があるとする。物理的には雪や空といった存在が、その白と青という概念と結びつく。そして人によっては真っ青な空に、何にも捉われず、ただひたすら気持ちが奪われることもあるだろう。青と同一化したい「欲求」だ。これがあたかも盲目かのような事態なのだ。そして知性的補完相である。それは「みること」である。「ヴィジョン」である。この点については、ホワイトヘッドは「瑣末だ」と述べている。知性がこの真っ青な空と雪景色に関与してくることで、それが「青」だと理解でき、それが「雪」だと理解できる。「意識」が介在してくることで、例えばその景色が「綺麗だなぁ」と言語化されうる。ここで、さらに、第二の下部相は、青と白とのコントラストを感得へと誘発していく。むろん第二の下部相は瑣末であり、常にそうした活動があるわけではない。あくまで盲目さがホワイトヘッドの根底にある。こうした感得の相を経て、最終的には、現実的存在が充足する。

この生成過程には、「巨視的過程と微視的過程の二種類の過程がある」(PR, p.214)。ホワイトヘッドの言葉を引く。

巨視的過程とは成就した現実性から、成就しつつある現実性への移行である。一方、微視的過程は実在的にすぎない諸条件を、決定された現実性へと転換する。前者の過程は、「現実的なもの」から「実在的にすぎないもの」への移行を引き起こし、後者の過程は、実在的なものから現実的なものへの成長を引き起こす。前者の過程は作用因的であり、後者の過程は目的論的である。未来は現実的なのではなく、実在的にすぎない。一方、過去はもろもろの現実性の結合体だ。現実性はその実在的な発生的諸相によって構成される。現在とは、実在性を現実的なものとする目的論的過程の直接性である。前者の過程は成就を実在的に差配している諸条件を与え、後者の過程は現実的に成就される目標を与える（PR, p.214）。

第I部2章で論じた、座標的分析が巨視的過程にあたり、それに対して発生的分析が微視的過程にあたる。巨視的過程は、過去の現実性が、未来の現実性へと移行していくことだ。未来の現実性というものはない。だから実在性と言い換えられる。ありうべき現実が実在だ。微視的過程は、一つの、たった一つの存在が成就されていく様だ。そのとき、現実性と実在性は別々のものとして分析される。対象や与件といった実在的なものが現実的存在そのものを作り上げていくさまだ。そしてこうした過程そのものを可能にしているのが抱握だ。感得だ。

このとき「感得の分析をするなかで、事物に先立つ（ante rem）ものとして呈示されるものは何であれ与件であり、事物のうちに（in rem）あるものとして呈示されるのは何であれ主体的形式であり、事物のうちにかつ事物の後に（post rem）あるものとして呈示されるものは何でも「主体超体（subject-superject）」である」（PR, p.233）と述べられている。感得されるものとしての与件、感得するものとしての主体（出来事・現実的存在・現実的契機）、そして感得される主体としての超体の三つに感得は分析される。生成しつつあるものは言うまでもなく感得＝抱握の主体であるが、それが抱握していると理解できるためには、やはりその主体がある一定の単位として認められた上で議論がなされなければならない。だから、動的に生成しつつあるものとはいえ、それを仮想的に静止させた上で感得が分析される。これが「主体」でありながらも、それを超えたものとして語られる「超体」だ。主体としての現実的存在はそれ以上分割できないものであり、「原子的（atomic）」（PR, p.27, 117etc）である。しかしながら、その一方で「抱握は原子的ではない」（PR, p.235）と述べている。どういうことか。生成とは抱握する主体であるにもかかわらず、ここには齟齬が生じている。ホワイトヘッドはこうも述べている。

バラバラな抱握は抽象物である。それら抱握のそれぞれは、その抽象的対象化のなかでみられたその主体である。現実性は、具体的統一性への合生の過程にある主体的統一性をともなったもろもろの抱握の全体性だ（PR, p.235）。

一つの主体はもろもろの抱握を行なっている。このときもろもろの抱握は実のところ抽象物であり、生成途上のさまを具体的なものに即して語っているのではなく、その総体によってこそ具体的なものの生成を語ることになるという。具体的な生成の様を語るそれぞれの抱握とは、実は抽象的なものなのだ。ホワイトヘッドは続けてこのようにも述べている。「抱握を発見することができる原理とは、充足（satisfaction）の対象的与件における任意の構成要素をとりあげてみることである」（PR, p.235）。まず「充足」とは当の現実的存在が個体化し、その生成が達成した状態だ。生成過程のまっただ中であれば超体のことでもある。私たちは具体的なものが充足しているという側面から、当の現実的存在ないし契機を分析することが可能になっている。「現実的存在は、経験しつつある主体であると同時に、その経験の超体であり、こうした記述のいずれの面も、瞬時たりとも看過することはできない」（PR, p.29）とも述べられているように、常に具体的な主体は、抽象的に抱握という仕方で分析可能となる超体の側面をも有している。そうすると、生成している具体的な現実的存在ないし契機は、充足や超体としての側面から事後構成的にいかに主体が抱握をしたのかという仕方でしか語ることができないのではないだろうか。ホワイトヘッドの言を引こう。

> このようにして、発生的に考察された抱握は、それが属する現実的存在の度し難い原子性から解放されることなどない。上述したように、充足から従属的抱握を選ぶことは、仮言的・命題

的観点を含む。事実は一つのものとしての充足である。与件に基づく構成要素を主体的形式に基づく構成要素として捉えたり、それらと合致させたものを根拠として従属的な抱握を形作るものとして考えるということには、恣意性がともなっている。こうした学説を正当化するのは、発生過程がそれによって分析されうる、ということだ（PR, 235）。

むろん原子的な現実的存在なくしては、抱握は語ることはできない。生成しつつある様が具体的でなければ、それを語ることはできない。しかし、生成しつつある具体的なものそのものは語ることはできず、それを抱握という仕方で生成しつつある具体的なものの発生過程を抽象的に丁寧になぞるだけなのだ。ホワイトヘッド哲学の不可能性をここに私たちは指摘することができる。

3　おわりに

私たちは第Ⅱ部1章で、ホワイトヘッド中期哲学のなかで生成はいかに語られ、そしてそれが失敗に終わっているのかを議論した。中期では物理学的な観点に縛られ、静止・運動の図式で出来事を捉えていた。このとき問題であったのは、出来事を観測しているものも含めた生成しつつある具体的なものが実のところ語られていないということであった。そこから私たちは後期哲学において主体という概念が語られることによって生成が論じられるようになったと説いた。その後、私たちは主体の生成が抱握によって語られるようになったということを第Ⅱ部2章で精査してきた。後期になるとホワイトヘッドは、出来事・現実的契機・現実的存在はまるごと主体的に生成するという立場を取るようになる。このとき生成しつつある具体的なものを議論できる術は抱握であった。しかしその抱握も実のところ、主体の超体という側面から事後構成的にしか語ることができなかった。私たちはこれまで主体の抱握によって具体的なものの生成が語られるということを信じて疑わなかったのだ。しかし本章で見事に裏切られることになる。『過程と実在』というすさまじい書物を書き記したホワイトヘッドですら、生成が具体的なものに即した仕方で語ることはできなかったのだ。

とはいえ、やはりホワイトヘッドは出来事に、契機に、存在に、事物に常に拘泥する。「主体の経験から離れては、何もない、何もない、何もない、むき出しの無があるだけだ」(PR, p.167)。自然を、宇宙を構成する出来事が、契機が、存在が、そして事物が頑にある。そしてそれらがあるがゆえに、抱握してしまう、されてしまう。経験の主体も超体も「いずれの面も、瞬時たりとも看過することはできない」。両極的な一元的存在論をホワイトヘッドは展開する。だから原子的であるホワイトヘッドの出来事・契機・存在・事物は、やはり抱握＝関係なくしては、生成を語ることができない。言うまでもなく、それら生成している出来事・契機・存在・事物は、到るところに満ちている。それらなしには、この世界はない。

第Ⅳ部　アナキズムのほうへ

ここまで明らかにしてきたホワイトヘッドの具体性の形而上学の立場から、応用的な事例へと射程を拡げる。ホワイトヘッドの考える具体性とは、現実的存在が中心になって据えられるのであり、そこに私たちは何であろうとも具体的な現実存在を割り当ててこの世界を考えることができる。その具体的な実在は抱握する。生成消滅する。生きて死ぬ。

私たちが生きる世界は、きわめて複雑である。その複雑な世界をホワイトヘッドの具体性として考察してみるならば、常に驚きに満ちあふれる。ホワイトヘッドはこう述べている。

哲学は驚きにはじまる。哲学的思考が最善を尽くして驚きに回答を与えてもなお、やはり驚きは依然としたまま残る。［…］存在とは未来へとどこまでも合流していこうとする活動だ。哲学の向かう先は、活動の超越的な機能に対する活動の盲目具合を見抜くことにある（MT, p.169）。

具体性に根づいたこの世界は常に、生成消滅する。だからいくら哲学的にこの世界を追えどもこの世界を語り尽くすことなどはできない。他の学問でも同様だ。しかしこの世界のあり方と同時に「知恵（wisdom）」のあり方も常に未来へと活動する。あらゆる存在がすべて生成消滅する。抱握し抱握される。このとき抽象的で静的な知のあり方は常に具体的で動的な活動によって刷新され、知恵としてホワイトヘッドによって語られている。こうした知恵のあり方は私たちの生のあり方と同様にホワイトヘッドの哲学から議論することができる。そしてこうした知恵や生のあり方は私たちが生きるこの世界と密接に結びつく。ホワイトヘッドの哲学を用いて考えるならば、何であろうとも具体的な現実存在が満ちているかぎり、この知恵と生命と社会は具体性の観点から語られなければならないだろう。それゆえ第Ⅳ部では、知恵、生命、そして社会にかかわる議論をホワイトヘッドの哲学を応用して考察を与える。

まず1章では、ホワイトヘッドの議論を踏まえたうえで科学的業績を挙げていく事例について検討しているラトゥールとステンゲルスの論考を参照し、ホワイトヘッドにおける知恵の創出について検討を加える。ラトゥールもステンゲルスもパスツールの乳酸菌の発見の事例に触れることで生成やその新しさについて展開している。しかしながら私たちはそうしたことを確認しつつもよりホワイトヘッドに即した仕方で具体性の知恵について議論を深めていく。そして2章ではこうした具体性の知恵のあり方を、ベルクソンから影響を受けた大杉の議論を参考にすることで、ホワイトヘッドと大杉（＝ベルクソン）の両者の親近性を説く。ホワイトヘッドもまた抱握がベルクソンの「直観（intuition）」から影響を受けて展開していることを指摘し、大杉の議論もまたベルクソンの直観や「本能（instinct）」から着想を得ていることをみる。こうした知見から理解できることは、両者共に、従来の知を抽象的なものとして退け、具体性に基づいた新たな知恵の獲得を目ざすということだ。最後に3章では、鶴見俊輔によるホワイトヘッドと詩人・アナキストである金子ふみ子との比較論を、鶴見に示唆を受けながら、両者の思想的な接近を試みる。こうした議論を展開することでホワイトヘッド哲学をアナキズムへと接ぎ木するとともに、ホワイトヘッド哲学を応用的に語ることができるという点で、新たな論点が獲得できる。また世界でも類例をみない、ホワイトヘッド哲学のアナキズム的展開であると考える。

1章　具体性の知恵——ホワイトヘッド、ラトゥール、ステンゲルス[97]

祈るべき天とおもえど天の病む

——石牟礼道子[98]

ひとりの人間はイデオローグとして存在するとともに行動者として存在する。イデオローグとしての彼のエネルギーはニヒルに、行動者としてはアナーキーに噴出する。変革する労働者の思想はその断層の上を歩いていく。いまのところ、私たちはこの断層を縫いあわせてしまうイデオロギーとはことごとく戦わざるをえない。闘いはこの断層にすべてを賭ける者と、その賭けから離脱する者との間に進行する。いまではまだこの分裂線はきわめて単純にくっきりとしており、協同の範疇はいささか広すぎる。しかし闘いはもうはじまった。あともどりの可能性はない。こちら側には固定した指導体系がなく、状況のたびに編成し直されるイデオローグ集団しかないだろう。また状況のたびに選びとられる行動者集団の横の連合しかないだろう。そして闘いの推移につれて、協同の範疇は狭くなり、細く強靭な一本の糸だけをのこすにすぎなくなるだろう。長い苦しみののち、人びとは対立と協同が同義語であるような、そのような世界を発見するかもしれない。そのとき人々は一転して、いや順当にパルタイ的集中を求めるであろう。しかしそのパルタイとは、今日のパルタイ概念とは縁もゆかりもない反パルタイ的パルタイであるはずである。

——谷川雁[99]

0　はじめに

知恵は常に別様の知恵と絡みあうことで生み出される。別様の知恵をモデルにすることもあれば、実験や作品や論文がいかに対象レベルのものであれ、そこには主体が練り込まれている。契機・出来事の時点で主体と対象は共にコントラストを描くと同時に、それは一つの契機・出来事である。そしてそれが対象化されてもなお、それが他の契機・出来事と絡み合うが故に、後続の契機・出来事の与件として潜在性を帯びている。この過程で、概念的な転換が起こる。つまり、抽象的な対象が具体的な契機・出来事で実現されることは、その抽象的な対象が一度きりの単独の契機・出来事のものだ、ということだ。こうしたことはホワイトヘッドの『過程と実在』において、「説明のカテゴリー」（PR, p.22ff）、「概念的転換のカテゴリー」（PR, p.249ff）からも理解できる。

例えば人が実験者・科学者であるとき、彼・彼女には、結果、結論、エビデンスが求められる。

＊97　本章を執筆するにあたって、免疫学を専門とする後飯塚僚氏から示唆を得た。記して感謝したい。むろん、本稿の責任は私にあるのは言うまでもない。

＊98　石牟礼道子『海霊の宮　石牟礼道子の世界』藤原書店、二〇〇六年、三二頁。

＊99　谷川雁「定型の超克」『民主主義の神話』現代思潮社、一九六六年、四〇―四一頁。

反証可能な事態を想定せずに、あるいはそれがふと思い浮かんだとしても、文科省や大学や研究室の要請や本人の焦りから、実験者・科学者は「ファスト科学（science rapide）」を求めがちだ。都市で時間に追われて暮らす賃労働者の身体があたかもファストフードを取り入れてしまいがちなのと同様に。

本章では、パストゥールが乳酸菌を「発見」した事実をラトゥールとステンゲルスに依拠しながら、知恵のあり方を考察する。ラトゥールもステンゲルスもともにホワイトヘッド哲学を理論的背景としながら、パストゥールの発見を検討している。そしてそこに私たちがみいだすのは、知が常に別様の知と絡みあっていること、そしてそのこと自体が、権力装置と密接に結びあっていること、さらに付け加えて析出されるのは、このときの知恵を生み出すものの倫理的態度である。これらのことをホワイトヘッド哲学から炙り出す。

1　合生と過程の知

まずもって、何故パストゥールの事例を引くのか。タゴニェ曰く、「彼［パストゥール］の科学上の仕事は、生物学と化学のあいだに確立された紐帯の本性を変更するだけでなく、生物界一般の表象、存在感で織りあわされる諸関連、この地上で繰り広げられる諸化学的作用における役割の配分をも変更する」*100からである。パストゥールは、たった一人で乳酸菌を発見したのではない。生物学の枠組みだけから乳酸菌を発見したのではない。そうではなくて、醸造家・畜産業者・職人などもろもろの人たちとの協同の知見や疑問を背景にしながら、化学者であった彼が、実験室で生物学的発見をものにしたのである。だからカンギレムが述べるように、「実験室は、自然な所与あるいは技術の経験的産物を脱臼する場所であり、眠っている、あるいは妨げられた諸因果性を解き放つ場所、要するに実在するものを顕現させるために仕組まれた技巧を練り上げる場所であるから、実験室の科学はおのずから技術的活動と密接にむすびついているのである」[*101]。こうした前提からラトゥールは、「一八五八年に乳酸菌をパストゥールが発見・発明・構築したということ」(L, p.197) を、いかにしてホワイトヘッドが説明するかと想像し議論を展開する。

ラトゥールはホワイトヘッドの形而上学のタームを用いて、こう述べる。「ホワイトヘッドの術語を使うことで、パストゥールの実験が私たちに明らかになることとは、新たな存在様式のなかに拘泥することを「決断」しながら、先行する環境に内在する存在の軌跡を契機にあてがうことである」(L, p.205)。パストゥールの実験は、ラトゥールからすれば、乳酸菌という新たな存在様式を契機として捉え (決断し)、その実験の過程のなかにパストゥールであれ、乳酸菌であれ、ともに入り込み、乳酸菌の発見という一つの契機を達成させることなのだ。言うまでもなく、

＊100　F. Dagognet, *Methodes et doctrine dans l'oeuvre de Pasteur*, Paris, PUF, 1967, p.67.
＊101　ジョルジュ・カンギレム (杉山訳)『生命科学の歴史』法政大学出版局、二〇〇六年、八四頁1

このときの契機とは、スタティックに対象化された実体ではない。そうではなくて、ダイナミックな生成途上にあるものだ。そうであるが故に、ラトゥールは、ホワイトヘッドの過程と実在を追求した形而上学を使用していると考えられる。ここからラトゥールはパストゥールの手記を拾い、パストゥールが実験室で謎の菌を精製する過程をみていく。まず乳清を作成し、それにリン酸塩を投入しつつ、フィルターにかけたり飽和させたりし、もろもろの液体を蒸発させて……。こうした過程を拾うなかで、ラトゥールが述べるのは、「酸とは、まったくもって手続きなのであり、レシピであり、一連の行為と共存在するものである」（L, p.206）ということだ。言うまでもなく、ホワイトヘッドの述べる「軌跡（trajectory）」であり、「過程」でもある。そこから、今度は乳粉と窒素含有物をみいだし、それを容器に入れてカゼインと分離させていく。このとき、何のものでもないはずの謎の菌は「にもかかわらず、実体として原理的な役割を担ってしまう」（L, p.206）。こうしたパストゥールの一連の実験について、ラトゥールは、「乳酸菌を発見するという契機、環境、合生としてパストゥールの身体が奉仕されるのだ」（L, p.207）と語る。つまり、パストゥールという主体と菌という対象とが一つになり、つまり一つの契機としてあるいは一つの出来事として共に生き（合生し）、一つの発見へと移行する、ということだ。だから、「もしパストゥールが躊躇うならば、乳酸菌もまた躊躇うのだ」（L, p.208）。ラトゥールはこう述べる。

極微有機体の前提無しには、パストゥールはこの特異な乳酸菌の発見のための試みを要約することは決してできなかったであろうし、微生物のこうした反応を想定するような振る舞いは決してできなかったであろう。デュエム以降の科学史家によれば、実際、科学者は理論、先入観、前提、概念的枠組み、パラダイムを必要とするし、そのためにデータをいちいちつき合わせて検討などしない（L, p.210）。

ラトゥール曰く、パストゥールは乳酸菌を実験するにあたって、あるいは乳酸菌発見伝を執筆するにあたって、謎の菌なるものを（極微な）有機体のようなものとして考えていたという。ホワイトヘッドが生物・無生物問わず、森羅万象を有機体と概念づけしたのと同様に、パストゥールもまた菌か否か未だ分からない物質を有機体のようなものとして枠づけして実験をおこなったとしている。むろん、科学史家デュエムがすでに同様のことを述べており、そうであるからこそ、実験は進展しつつ、実現化していく。またこの実験のさい、概念的転換が生じている。ラトゥールは述べることはないが、ホワイトヘッドの立場からさらに述べてみる。一連の実験でパストゥールはもろもろの菌や酸を用いて、「腐敗」をおこなっていたことは自明である。しかしながらその腐敗は「発酵」という仕方に価値が転換された（概念的転換）。そうであるが故に、乳酸菌は、醸造家・畜産業者・職人などもろもろの人たちに奉仕することができるものとなりえたのである。またパストゥールは「化学反応」として、分子レベルの酵素基質反応を当初は捉えようとしていたのであるが、ここで有機体のようなものとして捉えることで、特定の微生物の

「生物反応」であることを明らかにしたのである（過程と実在）。ラトゥールはこのように、自身のアクター・ネットワーク・セオリー（ANT）とホワイトヘッド哲学のモデルを重ねて、科学者の実験におけるハイブリッド性を、ここではとりわけパストゥールの事例を、語っている。

2　スロー科学のほうへ

こうしたハイブリッド性をもう少し別の角度から切り取った議論をみる。ステンゲルスがパストゥールについて検討した箇所だ。ステンゲルスはとりわけ、パストゥールが「自然発生説」を否定したという事例を基に、ラトゥールと同様のハイブリッドな知の創発を語る（SP, p.33ff）。言うまでもなく、自然発生説とは、無から（微）生物が発生するという、現在では過去に捨て去られた理論である。パストゥールは、先の管が折れ曲がったフラスコを用い、加熱煮沸したそのフラスコ内に空気が入り込んだとしても微生物が生じないことを実験で示した。ステンゲルスも取り上げている一八六四年の実験、つまりプーシェの装置を用いての実験である。*102 煮沸した枯れ草を、水銀を通してフラスコのなかに入れ、酸素を送って微生物の自然発生の観察をした。ここで得られた結果は、きわめて単純である。微生物があるところからのみ、微生物が発生するということだ。つまり、無からは何も生じない。有から有が生じる。こうした知見を基にして、彼は化学だけでなく、生物学的な、さらに述べるならば医学的な領域まで手を広げていった。ステンゲルスによれば、パストゥールは「農民、実業家、衛生学者、公衆衛生に関わる公務員、医師などの関心」(SP, p.40) を惹き、彼ら・彼女らの専門能力や利害関心をくすぐらせたのだという。そして、とりわけ医師たちがパストゥール信奉者になったのは、伝染病の治療を可能にする「血清」を発明することになったからであるとステンゲルスは続けている。良く知られているものとして、蛇に噛まれたときに、蛇の毒を弱める働きをする、あの抗体血清である。事実、乳酸菌や酵母の研究をすることで、ビール製造者、ワイン製造者、チーズ製造者らから絶大な支持を得たし、抗体血清を生み出すことで、医師や医学への大きな影響を及ぼしたのは言うまでもない。

しかしながら、パストゥールのように、ハイブリッドに実験的な過程を進めることそのものは、創造的で善なる契機・出来事の実現なのであろうか。むろん純粋に善なる契機・出来事などない。ステンゲルスはこう述べる。「科学者は、自分の創造が「実験室からぬけだす」ことを可能にする利益の主人ではないが、科学者が積極的にそうした利益をさらに大きくしようとしなければ、さまざまな利益が連鎖していくということはほとんどありえないのである」(SP, p.47)。むろん「自分で創造するということだけで満足する創造者」もステンゲルスは認めているが、多くの科学者は、「自分の創造がもちうる射程が気にかかり、その創造が他の領域に介入し、新しいつながりを創造する仕方が気にかかってしかたがない」し、「諸科学が確かに新しい存在を創造し、そこで準拠される多くの異質な実践がその存在の存在を証明するというのは、まさにそのよ

＊102　石原他『目でみる生物学』培風館、二〇〇〇年、一二頁 - 一三頁。

うなタイプの気がかりのおかげでわれわれがその存在を手に入れているということである」(SP, p.47-48)。端的に言えば、ほとんどの科学者は自分の行ないが気になる。しかもそれが何かしらの影響なり何なりを与えるかもしれないという点で。そしてそうした目的があるからこそ、科学者は科学をとり行なう、実験を行なう。言うまでもなく、昨今の研究は、どこからか(競争)資金を調達し、それによって研究を進めることがある。その資金を調達するさいに、しばしばインパクトファクターが求められる。「何の目的で何をどこまで達成するのか」。この問いのなかの答えには、有用性・実用性・世界的業績という観点が入っていなければ、資金は獲得できない。ほとんどの分子生物学者は資金獲得のさいに、ガンに効く製薬に役立つ、とどこかに書いているだろう。本音なのか建前なのかは措く。こうしたことを書かざるをえず、こうしたことを書かなければ研究を遂行できず、研究を是とされないという事態が、世界的に広まっている。と同時に、科学技術への依存が高くなりながらも、それへの不信を募らせつつある。[*103]

ステンゲルスに戻ろう。上述したことを、近年のステンゲルスもまたホワイトヘッドの理論を使用しながら、『もう一つの科学は可能だ』のなかで考察している(ASP, p.96ff)。ステンゲルスが引用するホワイトヘッドの著作『科学と近代世界』の該当箇所を引く。

この状況は危機的だ。それは溝(groove)にはまった精神を生み出す。どの専門もみな進歩するが、それはそれ自身の溝での前進である。ところで、精神的に溝にはまっているということは、与えられた一組の抽象を眺めて暮らすことである。溝にはまっていては広い天地を見渡すことを妨げ、抽象は私たちがもはや注意を払わないものを捨象してしまう。むろん、人生を包むにたる抽象の溝などない。現代世界において、中世の有識階級の禁欲的な独身生活は、完全な事実を具体的に眺めることとは縁を切ることになってしまい、知性の独身生活というものが生じてしまった。もちろん、数学者とか法律家だけに終始する人生などは誰にもない。人びとはその専門の職業や事業の外で生活を営んでいる。しかし、問題は真剣な思索が溝のなかに限定されてしまうことにある。専門外の生活は、専門から引き出された不完全なカテゴリーに

＊103　例えば、こうした点について、川村はラトゥールの理論の文脈でこう述べている。「……科学技術への姿勢が根本から問われることになった。人々は近代科学に寄せていた厚い信頼を突如として留保せざるを得なくなった。科学は確かに有用な製品やサービスを提供し、豊かな生活を作り出してくれる。しかし同時に、日々の生活を足下から揺るがしかねない巨大リスクをも生み出し、自然の一部として生きてきた人間を統御不能な状況に陥らせる。ところが、科学技術のリスクに対する底知れない恐怖が広がっていることを知りながら、科学技術の専門家たちは新たに生じるリスクに対しても依然、従来の手法で対処しようとする。リスクを技術的に制御しようとするのである。あるいは、一般人が抱く恐怖を理解できずに、これを言われなき恐怖と捉え、専門知識を教授することで解消できると考えてしまう。しかし私たち一般人の疑心は、理論や実験場におけるデータではなく、科学技術と産業が直結する生産様式そのものに対して向けられている、「技術的に制御すること」あるいは「技術的に制御できると考えること」自体を問題にしているのである。専門家と一般人との間には齟齬が生じており、一般人の科学技術不信、専門家不信はいっそう高まっている」（川村久美子「訳者解題　普遍主義がもたらす危機」（ブルーノ・ラトゥール（川村訳）『虚構の近代』所収）新評論、二〇〇八年、二六〇‐二六一頁）。

よって浅はかに取り扱われてしまう（SMW, p.197, ASP, p.96)。

ステンゲルスも述べるように「専門家と進歩との結託は、新たに生じたものだ」（ASP, p. 96)。上に引用した文言の前の箇所を読んでみる。ホワイトヘッドはこう分析する（SMW, p.195ff)。一九世紀になると、工業生産形態が発達し、美的なものへの探求は棄てられるようになり、芸術は子どもの戯れのような扱いとなっていった。テムズ河の自然なうねりは、チャーリング・クロスによって、美的価値が毀損されているとも述べる。[*104] そして専門家はこうした美的なものへの探求をおこなうことなく、溝にはまった知の専門化を速めていく。「現代の化学者は動物学に暗く、エリザベス朝演劇についての一般的知識はなお乏しく、英語の作詩法におけるリズムの原理にはまったく無知である場合がありうる」（SMW, p.196)。他の分野への理解なく、ただ実際に眼前の与えられた領域での「有益な題目」にのみ明るいものが、現代の専門家だとする。こうした文脈から、先に引用した文言へとつながり、「危機」だとホワイトヘッドは述べ、ステンゲルスは引用する。専門化が進めば進むほど、その領域に資本が投下され、溝での歩みが速くなる。

　他のことに構わず、ニンジンを追う馬のごとく、突き進む。その馬は自らの走る溝にはまり、自らの生といった幅広くも具体的な契機・出来事に思いめぐらすことが等閑になる。狭い抽象的理念をこねくりまわすことで、事足れりとする研究。こうした立場から押し進められる科学が、ステンゲルスの述べるファスト科学である。しかしながらホワイトヘッドによれば、科学を押し進める専門家は、「過去において、進歩に役立たない階級を構成していた。ところが現代では、専門化ということが進歩と密接に結びついている」（SMW, p.205）。ステンゲルスが述べるように、ホワイトヘッドのこうした議論は、「大学の仕事に関して、スロー科学（slow science）とを結びつける」（ASP, p.97）。ステンゲルスはもちろん、大学の仕事だけでなく、研究機関の仕事についても同様に述べている。科学的業績をあげようとするあらゆる研究者に対して、知のあり方の警鐘を鳴らしているのだ。

例えば、「医学の進歩」を挙げてみる。*105 私たちはしばしば医学の進歩によって長寿を手に入れたと信じ込まされている。しかし、本当にそうか。ストレプトマイシンによって結核の死亡率が急降下したと信じ込まされている。しかし、本当にそうか。まず、戦前と戦後の日本の寿命を取り上げてみる。なるほど、私たちは長寿社会を迎えている。しかし、栄養状態がまったく異なる。鼻たれ小僧がいないのは、抗生物質があるからではない。栄養が変わって抵抗力がついたのだ。その代わり、糖尿病や痛風が増えた。そして結核の死亡率が格段に減ったのは、世界的にも日本だけのことである。医学的なデータのみから理解していては、溝にはまり込む。そもそも医学は科学か。*106 図書分類において医学は、日本では自然科学に分類されている一方で、外国では自然科学のなかに入っていない。医学とは時に政治的でもあるし時に哲学的でもある。

＊104　ここで私たちに想起されるものとして、二〇二〇年に開催される愚劣な東京オリンピック開催のための新国立競技場建設の問題があるだろう。

3　具体性の知恵

このように溝にはまった専門知にのみ拘泥するのではなく、幅広く具体的な領域から常に批判的に抽象的な知をみつめることが、ステンゲルスの述べるスロー科学だ。この立場から、ステンゲルスはＧＭＯ（遺伝子組み換え作物）批判を展開するが、私たちは、先のステンゲルスが取り上げていたホワイトヘッドの議論にもう少し留まって考えてみよう。先の議論の続きでホワイトヘッドはこう述べている。

現代生活への批判は、共同体の意味をどのように解釈するとしても、どこにでも適用される。これを国民国家、都市、地方、研究機関、家族、さらには個人のいずれに適用しても構わない。特殊な抽象的理念は発達してはいても、具体的な鋭い眼は萎縮してきている。全体はそれのもつ諸相の一つに没し去っている。［…］一九世紀におけるさまざまな発見は専門化の方向においておこなわれ、その結果、現代の私たちは知恵（wisdom）をより豊かにしているどころか、ますますそれを必要とする状態に置かれているということが問題だ。

知恵は、平衡を保った発達（balanced development）から生じる。個性のこうした平衡を保った発達こそ、教育によって獲得されるべきものである。近い将来に対して最も有益な発見は、進まざるをえない知的専門化を損なわずに、上述した目的を推進することに関係する（SMW, pp.197-198）。

ホワイトヘッドにとって、抽象的な科学の知は批判の対象ではあるが、むろん不要だと述べてい

＊105　加藤尚武『バイオエシックスとは何か』未来社、一九八六年、一三七頁以下。また、加藤はこのようにも述べている。「川喜田愛郎という医学史研究の大先生に、私が「病原体の考え方が確立されて、チフス菌が発見される、コレラ菌が発見される、結核菌が発見されるというようにして、人類はバチルス性の病気に対する勝利の進軍を行ってきましたが、病原体が発見されるまで、治療の効率という点で医学は本当に進歩していたんですか」と尋ねたら、川喜田先生は唸って、「分からないなぁ」とおっしゃった。「治療の効率は、おそらく上がっていないだろう」と。／では何が進歩だったのかと尋ねたところ、先生は即座に、「病態の記述が非常に綿密に累積されてきた。ギリシャ時代からずっと同じ基準で病態を記述してきた。それは確実に進歩である」とおっしゃった。／要するに、病気に対する医学の治療効率の歴史を考えると、一八九二年まではほとんど上がっておらず、一八九二年（病原体の発見→公衆衛生学の確立）になって急に上がり始める。それで、一八九〇年五月に、世界保健機関（ＷＨＯ）が天然痘根絶宣言を出した。人類は病原体根絶の勝利の歴史をたどってきたのである。すべての病気は絶滅するだろうと思ったら、とんだ見当違いだった。／外因性の病気の原因である細菌に対する一つのノウハウは出来上がったけれど、生活習慣病や遺伝病に対してはまったく手つかずであった。またウィルスに対しても無防備だった。現代ではむしろ、生活習慣病が医療行為の主要なターゲットになっている。そして一九九〇年代になって、やっと遺伝病の治療がはじまった」（加藤尚武『災害論』世界思想社、二〇一一年、八三‐八四頁参照）。

＊106　加藤尚武『バイオエシックスとは何か』未来社、一九八六年、一〇九頁以下。

るのではない。そうではなくて、具体性に根ざして抽象を作り上げていくことがホワイトヘッドの述べる「知恵」である。科学者や専門家だけでなく、国家や研究機関、先のチャーリング・クロスをテムズ河にわたすことや、レジリエンスやジェントリフィケーションの対象としての都市や地方、家族や個人といった人間単位のものまでが、抽象的理念だけでもって思考を発動してしまいがちだ。そうではなくて、常に具体性との均衡を保つこと、そしてそれは常に抽象を具体の立場から批判することにおいてこそ、知恵が生じるとホワイトヘッドは述べている。むろんここでの平衡を保った発達とは、行政が、そして社会心理学者がお墨付きを与えるレジリエンスなどでは毛頭ない。自律的に自発的に、自ら抽象と具体との均衡を保とうとし、知恵を生み出そうとする態度である。そしてこした知恵を形作ることは、教育によって可能になるのだとここでホワイトヘッドは語る。

近年では「統合的な科学（integrative science）」や、「トランス・サイエンス（trans science）」が科学論あるいは科学の現場で語られている。*[107] スノーが述べていたように「二つの文化」の問題は未だに論じられ続けている。科学リテラシーを高めるためにサイエンス・カフェを開催するといった、市民の科学教育参加が時折聞かれる。もちろん、こうしたことがなければ良いとは思わない。ステンゲルスも先のGMO批判の文脈の末尾で、非科学者が科学の知見を得るべしという科学教育参加をほのめかすような凡庸なオチで終わっている。私たちが電力資料館にいき、原発の安全性の知見を得ることが果たして批判的な営為だろうか。ある企業が参画したサイエンス・カフェにおいて、その企業に背く批判的な知見を述べるレクチャラーがいるだろうか。近年私たちが良く知るように、大学ですら、産官学連携の名の下に、御用学者すら生み出している始末だ。文系学者が理系学者にもの申すトランス・サイエンスなど機能するのか。トランス・サイエンスは企業に囲い込まれずに済む営為でいられるだろうか。常に当の専門家に対して高次の専門家を準備し、その高次の専門家に対してさらに高次の専門家を準備する。プラトンの哲人政治は可能なのだろうか。専門家からすれば、素人などしばしば小馬鹿にされる対象だ。テクノファシズムが生じやすい。かといって、素人の判断は科学的に偽なる判断にしばしば陥りやすい。テクノポピュリズムが生じやすい。*108

ホワイトヘッドに戻ろう。ここからホワイトヘッドは具体的な教育計画を述べていく。むろん、「教育の実際上の困難を一挙に解決できる方法などはない」と語る。そのうえで「学生はある限られた領域を専攻すべき」と断定し、「専攻のための便宜を減らすよりも増やす」（SMW, p.198）と議論を進める。この専門教育は教育そのものの一方だと述べる。もう片面についてはこう述べる。

＊107　野澤聡「「二つの文化」を超えて　科学的視点から」『アステイオン』阪急コミュニケーションズ、七八号、二〇一三年、九五―一〇九頁。
＊108　「テクノファシズム」「テクノポピュリズム」という術語については、加藤尚武『災害論』世界思想社、二〇一一年、一六八頁を参照。

教育のもう一方の重心は、環境すべてから離れた分析的手法をとることのないような、直観にある。この目的は、ものを骨抜きにする分析を最小限にとどめて、ものを直に把握することである。一般的目標として最も必要なものは価値の多様性を鋭くみることだ。つまり美的感性の涵養だ。単なる実務家の大まかに特殊化された価値と、単なる学者の細かく特殊化された価値とのあいだに位置する、何ものか、がある。双方共にその何ものかを見逃す。この二組の価値を合わせても、その見逃されたものは得られない。必要なことは、それ自身に固有な環境に存する有機体が達成した、生きた価値の、無限の多様性を見渡す鋭い眼を獲得することにある。太陽について、大気について、地球の自転について、すべてのことを理解しても、なお日没の光沢を見逃してしまう。事物の具体的な成立形態を現実のままに直に知覚することは、他の何にも代え難い。私たちの望むものは具体的事実であり、しかもその事実の尊さに関して強く光が照らし出されている具体的事実である（SMW, p.199)。

抽象的な知を専門的な観点から獲得するのではなく、具体性に重心を置き、直接経験されることで知恵を獲得できるようにすることがホワイトヘッドにとってのもう一方の教育的な配慮である。教育というよりもむしろ知恵の獲得の指南である。そこでは、美的な感性を自ら磨くことによってこうした知恵の獲得が可能になるのだという。鋭い眼をもつことで、ホワイトヘッド哲学そのものの文脈により引きつけるならば、直観によって、そして抱握によって、知恵が獲得されるようになる。この点については次章再び論じる。むろん、日常的な理解と科学的な理解との双方、ということではなく、双方共に重要であると同時に、それらを取り結び、科学的な理解そのものを、生活そのものを鋳直し作り出す具体的な直観である。知識人としてのみ振る舞うのではなく、そして大衆としてのみ振る舞うのではない。そうではなくて、知識人と大衆の科学と生活が批判的対象であるからこそ、それらを再獲得するべき根源的な具体性が求められる。科学と生活の完全な喪失であるが故に、科学と生活の完全な再獲得によってのみ自分自身を獲得できる階級こそが、ホワイトヘッド哲学の観点から教育に求められる、科学に求められる、生活に求められる、知恵に求められる。大衆に迎合するのではなく、抽象に身を委ねるのではなく、具体的事実をひたすら希求する。それは科学者でもない、テクノファシストでもない、生活者でもない、テクノポピュリストでもない立場からなされる。科学はきわめて重要だ。生活はきわめて重要だ。決して無用の長物なのではない。だから、科学にも生活にも不信感しか募らせてはならない。批判しかしてはならない。

　狭い抽象的な知による溝にはまるのではなく、具体性に依拠した軌跡を描くこと。一人よがりの知に拘泥するのではなく、協同の帰結を導くこと。そして抽象的な知を批判し、知恵を編み出していくこと。具体的な生に根ざしたものこそ知恵を練り上げることができるのだ。

2章　知恵と生――ベルクソン、大杉、ホワイトヘッド

アナキズムの革命原理は、ボルのそれとは対極にあって、個人の自我をただちに全的に解放することで、社会制度を解体にみちびこうとするのである。

――竹中労[*109]

0　はじめに

ホワイトヘッドからすれば、知恵とは具体的な生に根ざしてこそ編み出されるものであった。ここで「生（vie）」と呼ばれるべきものは、やはり現実的存在ないし現実的契機のことであり、そこに人間を含めた存在・契機・出来事がまた割り当てて考えることができるのは本章でもこれまで論じてきたことである。ここでホワイトヘッドの哲学をある種の生の哲学としてみることは可能であろうか。ホワイトヘッドが自らの形而上学を展開していこうとするさいに、ラッセルが

述べたように、ベルクソン哲学の影響は少なからずあった。第Ⅰ部3章でも述べたように、時間と空間についての考え方は、似て非なるものではあれ、やはりベルクソン哲学をホワイトヘッドなりに受容したことは明らかである。ベルクソン哲学は言うまでもなく生の哲学である。この生にかんする考え方が具体性と接ぎ木されることで、私たちは人間をも含めた現実的存在ないし現実的契機としてホワイトヘッド哲学をより前進させることができると考える。

ここで、ベルクソンの生の哲学から影響を受けた今一人の思想家の考察を取り上げよう。大杉栄の思想だ。先の章で論じたように、知恵が具体性から編み出されるという考察がまた、ベルクソンと大杉によって、本能ないし生による直観から知恵が編み出されるという議論がなされている。私たちはここでホワイトヘッド哲学と大杉の思想を重ね合わせることで、生と知恵を論じる筋道を立てていこう。

1　生

大杉は一九一三年に発表した「生の拡充」という論文のなかで、「生ということ、生の拡充ということは、言うまでもなく近代思想の基調である。近代思想のアルファでありオメガであ

＊109　竹中労『断影　大杉栄』ちくま文庫、二〇〇〇年、一二二頁。

る」と述べている。また翌年の一九一四年の「生の創造」で彼は、こうした生にかんする議論を、「個人」の問題と重ね合わせて次のように論じている。つまり、社会主義では「共同体」の問題を論じるだけであり、そこでは、「個人」の問題がないがしろにされている、ということだ。だから「社会主義も大嫌い」なのだ。あくまで、個人の生に立脚した思考でなければ、具体的な生に根ざさなければ、大口を叩くだけに終わってしまう。置き違えられた具体性の誤謬に陥ってしまう。

大杉にとって個人の生の「活動と拡張」がもっとも重要である。大杉にとって生の活動は還元不可能な事実として語られている。この生の活動は、時に、なにがしかによって邪魔されることもある。そのなにがしか、とは「生の拡充を障礙せんとするいっさいの事物」であり、「社会」であるという。ここから、生の活動を拡張することで、こうした障礙としての社会を「除去し破壊」すべきだという結論に到る。私たちが自らに忠実に生きるということは、社会に征服されて生きることではない。「人の上に人の権威を戴かない、自我が自我を主宰する、自由生活の要求が起きねばならぬ」(大杉2、三四頁)。私が私の主人であり、あなたはあなたの主人なのだ。決して誰にも征服されてはならない。なぜなら、私たちは私たちが生きたいように生きたいからだ。「やりたいことしかもうやらない」[*110]。それが生のあり方として大杉がベルクソンから引き出した議論とも言えよう。

2 直観

こうした具体的な生と知恵はどのように結びつくだろうか。まずベルクソンの『創造的進化』から言葉を借りよう。

知性は対象の周囲を旋回し、外からこの対象に入っていこうとはしない。しかしながら直観は生命の内へと私たちを導いてくれる。私がここで直観と呼ぶものは、利害を離れ、自己を意識するようになった本能のことである、そして、対象について反省するとともに、この対象を無限に拡大するような本能のことだ（CE, p.644-645）。

ベルクソンの有名な知性批判の文言だ。抽象的な知性などでは生そのものを語ることはできない。直観によってこそ私たちの生の内奥へと辿り着くことができるとベルクソンは述べている。直観とは、ここで述べているように、利害関係を気にせずに、ただひたすら本来の知恵を探求してい

＊110　大杉研究をしている栗原の文言を参照されたい。栗原康「わたしはビールが好きだ――鶴見済『脱資本主義宣言』を読む」『図書新聞』二〇一二年、一〇月六日号参照。なお、彼の大杉論については、栗原康『大杉栄伝　永遠のアナキズム』夜光社、二〇一三年、を参照されたい。

くことだ。ベルクソンにとって、本来の知恵とは具体的な生そのものを探求していくことであり、だから「自己を意識」する。こうしたベルクソンの議論を大杉は引き受けたうえで、生や本能をアルファでありオメガと語っている。一方で社会や知性を批判ないし破壊していくのが大杉だ。一九一五年の「自我の棄脱」においても本能と知性を対比しながら、本能の重要性を論じている。しかし本能に忠実だからといって、ただの強欲な生を生きることになるのだろうか。そうではない。本能に忠実であるからこそ「経験や知識」が付け加えられるのだ。大杉の言を引く。

本能は盲目だ。したがって本能そのままの表現は多くの誤謬をしたがって本能そのままの表現は多くの誤謬を伴うに違いない。けれども失敗はなお無為に優る。かなりの誤謬は犯しつつも、なお多少の長い間これを続けて行く時には、やがて本能の行為そのものにアイデアができて来る。人の行為を律する在来の多くのアイデアは、在来のミリューの間にできた旧人のアイデアである。新人はこれらの在来のアイデアを棄てて、さらに新人自身の新しきアイデアを創りださねばならぬ。[…] 僕等は野蛮人じゃない。したがって原始人的に本能的行為を逞しうすることはできない。僕等には原始以来の積蓄した経験と知識とがある。そして多くの近代人をしてイライラさせまたはやるせなからしめるこの経験と知識は、かえって僕等の本能の多くにモラルを与えアイデアを与えて、僕等に勇猛精進の努力を添えてくれる（大杉5、一〇五 - 一〇六頁）。

大杉にとって、本能に忠実であることで、むろん間違いも生じていくが、しかしその間違いの積み重ねから新たな考えが練り上げられていくのだという。従来の考えによってがんじがらめになり、生の活動が邪魔されるのではなく、自らの生の活動に付き従い、表現を新たに刷新していくことが大杉の本能と知恵にかんする議論だと言えよう。また、大杉にとって、従来の考えに縛られることでもまたその従来の考えを破壊しようとしていくために、新たな知恵を産み出そうと努力を重ねる。ここで注意すべきは原始以来の経験と知識を私たちが持ち合わせているからこそ、そこから抜け出し、そこに付け足していくべき新たな知恵を獲得していく、ということだ。このときに、大杉がめざすべき共同体が到来する。これまで本書でも触れてきたように、ホワイトヘッドの具体性には抽象的なものはむろん入り込んでいる。しかし具体的なものは抽象的なものそのものではないし、具体性からこそ導きだされる抽象的なものは、溝に陥没したままの知ではなく、広い射程を有したものだ。経験に根づいた具体的な知恵の創出についての議論はここでホワイトヘッドと大杉において重なるのである。

3　哲　学

ホワイトヘッドはこうした知恵の議論を「哲学（philosophy）」として語る。ホワイトヘッドにとって「哲学とは、はからずも受け入れていた学説へと思いを寄せる態度」（MT, p.171）であるという。ここで「はからずも受け入れていた」という文言についてもホワイトヘッドは説明している。「『はからずも受け入れていた』という語句は、関連する広大無辺の状況にかんする学説の完全な意味が理解できていないこと」（MT, p.171）だという。つまり、ホワイトヘッドにとって哲学とは、未知の状況を理解しようとする態度なのだ。こうした態度では自らが納得するのが善しとされ、どんな賢人が答えを私に与えてくれようとも、そうした賢人の「決まりきった前提には満足することなく拒否する」（Mt, p.172）ことだ。大杉と同様に、従来の知に満たされることと無く、それすらをも破壊していくような態度であり、だから「哲学者はいつも、限りある境界線に対し攻撃を加える」（MT, p.172）。言うまでもなくここでいう哲学者とは具体的な現実存在であり、抽象的な賢人の知ですら攻撃の対象となる。

ここからホワイトヘッドはこうした哲学の態度を不毛にしている強固な前提があるとして議論を進める（MT, p.173ff）。その前提とは、賢人の決まりきった前提と同じように、人類が経験に応用できるあらゆる基本的な理念を意識的に抱き続けてきた点であり、それに加え、そうした理念は人間の言語によって明示的に表現できるという点であるという。こうした前提をホワイトヘッドは「完全な辞書の誤謬（Fallacy of Perfect Dictionary）」（MT, p.173）と呼んでいる。こうした誤謬の観点から、哲学者を二派に分けることができるとホワイトヘッドは述べる。一方が「批判学派（Critical School）」と呼ばれ、もう一方が「思弁学派（Speculative School）」と呼ばれる。

ホワイトヘッドによると批判学派は、思弁学派を拒否し、辞書の限界内での言語分析を行なう一方で、思弁学派は、直観に訴え、この特殊な直観を促進する状況により訴えることでその意味を指摘しようと努力し、辞書を拡大するものだと述べている。前者は形而上学的な直観という前提を放棄し、言語によって過去・現在・未来問わず、問題や状況を分析する。この意味で「人間の心の不変の特性という前提」（MT, p.173）を措定するという。動的な心ではなく、不動の立ち位置における人間の心とそこから繰り出される言語によって静的に問題や状況を分析するのだ。それに対し後者は、形而上学的な直観であれども、現在の問題や状況を分析し、その都度その都度、その問いや解の枠組みを絶えず刷新しつつ、それら問いや解を押し広げていくのだという。現在の分析哲学と大陸哲学の方法的な乖離にも似たような議論である。言うまでもなく、ホワイトヘッドは思弁学派に軍配を挙げる。批判的な態度も一定程度保持してはいるものの、やはり思弁的な態度に重点を置き哲学を進展させていった学者を並べ立てていく（ロイス、ジェイムズ、サンタヤナなど）。

このとき思弁学派についてホワイトヘッドが語っている文言のなかに、直観という語が頻出している。この直観についての定義がここに書かれているわけではないが、『過程と実在』以降ほとんどの場合、直観という術語を語る際には常にベルクソンとともに書かれている。ホワイトヘッドの直観について『過程と実在』から引く。

それ［欲求］は、私たち自身の経験にある例証を、さらにまた昆虫や植物のような生命の定体のもろもろの形態の例証を暗示している。しかし人間の経験においてでさえ、より強い働きにおける規定的な活動性についての下品な概念を連想させてくれる。私たちはベルクソンが「直観」と呼んだもの［…］に近いものについて述べている。ベルクソンの「直観」は「不純」な働きである。つまりそれは概念的抱握と物理的抱握［…］との総合から生じる総合的感得なのだ。［…］ベルクソンの「直観」は情動と目的という主体的形式から抽象されたものだと思われる。この主体的形式は「概念的抱握」という概念の、むしろすべての抱握の概念においても本質的な要素なのだ（PR, p.33）。

欲求については第3部2章でも触れたように、ライプニッツのモナドロジーに由来する術語である。ホワイトヘッドにとって、あらゆる現実的存在が欲求を有する。だから、私たちの経験におけるものであれ、昆虫であれ、植物であれ、人間であれ、それを有する。そしてそれはベルクソンの直観と似たものだと述べている。何故「近いもの」かと言えば、それが「不純」だからである。ホワイトヘッドにとって「不純」とは、抱握の様とかかわっている。抱握がもし概念的抱握だけ、あるいは物理的抱握だけであれば、「純粋な」抱握である。しかし多くの場合物理的抱握も概念的抱握もともになされる。そのときは「不純」である。だからベルクソンの直観は、ホワイトヘッドにとって総合的感得＝抱握なのである。「不純」なのは、ここでの文脈として、欲求について語っているからである。欲求はホワイトヘッドにとって、物理的抱握ではなく、概念的抱握だけにかかわるからである。いずれにせよ、こうした抱握はなんであれ、主体的形式であり、ベルクソンの直観もまたそうなのだ。ここから理解できるのはホワイトヘッドにとって抱握とはベルクソンの直観にほぼ等しい、ということだ。ベルクソンの直観から、大杉とホワイトヘッドが接近する。

4　生の哲学、あるいはアナキズム

大杉もホワイトヘッドも双方ともに、従来の抽象的な知でもって現状を理解することに納得せず、具体的な経験からその生の活動に忠実に蠢くことで、時に失敗しつつ、知恵を編み出していく。第I部2章でも触れたように、ホワイトヘッドがアインシュタインの相対性理論から衝撃を受けつつも、同時性などの観点においてアインシュタインの理論を受け入れることができず、結果として反証可能な理論であったとはいえ、やはり自らの立場から重力論を練り上げたことは特筆すべきことである。むろん、具体的な経験を抱きしめながら、議論を展開させた後期形而上学においても、知恵を常に探求していた。ベルクソンの直観概念の受容にしても、これまた双方ともに現実の状況を動的に深く掘り下げていく点において共通した議論である。大杉はベルクソンの生の哲学だけではなく、こうした直観の観点の着想を、昆虫や動物の共同性からも得ているのは良く知られていることだ。*111 ホワイトヘッドもまた、何であろうとも具体的な現実存在が主体として抱握を行なう点でベルクソンの直観ときわめて近しい議論を展開していた。私たちがしばしば耳にする（正確な記録文章は存在していない）ラッセルの言葉がある。「生命には二つのルートで進化した。一つは知性で、そのルートの末端には人間がいる。もう一つは本能で、こちらの末端には昆虫とベルクソンがいる」という文言だ。また第I部2章の末尾でも引用したように、ラッセルはホワイトヘッドの哲学をこう述べてもいた。「彼の哲学は大変曖昧なもので私には理解できないところが沢山あった。彼は……また彼が自分の哲学を展開し始めたとき、ベルクソンから大きな影響を受けていた」（PMO, p.93）。ホワイトヘッドの述べる批判学派の代表ともなっていったラッセルからすれば、ベルクソンや後期のホワイトヘッド、そして大杉などは棄却すべき思弁学派の最もたる哲学者たちであろう。しかし、ここまで私たちが辿ってきた思考からラッセルに対して述べるべきは、人間の抽象的な知性など破壊すべき事柄である、ということだ。私たちは人間であるとともに、自然である、生である。曖昧で何が悪い。この世界は曖昧にしかできていない。複雑にしかできていない。明晰判明であればあるほど信用ならない。抽象的なものは信用ならない。こうした観点から次章ではホワイトヘッドの立場と、生きたアナキスト・金子ふみ子の立場と接近させてみよう。

＊111　大杉が翻訳をおこなったクロポトキン『相互扶助論』は動物の共同性から説き起こして人間の共同体論へと議論を展開させているし、『ファーブル昆虫記』を大杉が翻訳していることも特筆すべきことである。

3章　アナキズムのほうへ、おもむろに――ホワイトヘッド、鶴見、金子

まもなく私は、この世から私の存在をかき消されるであろう。しかし一切の現象は現象としては滅しても永遠の実在のなかに存続するものと私は思っている。

――金子文子[*112]

0　はじめに

鶴見はおそらくホワイトヘッドの講義をハーバードで聴講した最後の日本の哲学者である。彼はホワイトヘッドが登壇者であった不滅性を主題にしたインガソール講演に出席し、ホワイトヘッドの話を聞いていた。鶴見は帰国後、ホワイトヘッドがこの講演の最後に述べた言葉を思い出すために、当時アメリカにいた姉の鶴見和子にこの講演録の内容を送ってもらう。このときの内容を私たちは現在講演録として読むことができる。「不滅性」と題されたこの講演でホワイ

トヘッドは、自らの哲学の「対象的不滅性」について述べつつ、最終的には鶴見が思い出したかった言葉でしめくくっている。「精密さは、いつわりのものである」（ESP, p.96, 鶴見、四五〇頁）。論理学による言葉の分析や、専制政治のあり方、そして理念のみで哲学を語ること、これらをホワイトヘッドは取り上げたうえで、この語を放つ。

鶴見は「四〇年たって耳にとどく」というエッセイのなかで、この不滅性の講演を読解しながら、最後にアナキスト・詩人の金子ふみ子の思想と接続する。鶴見は、こう述べている。「ホワイトヘッドの講演は、今読みかえすと、金子ふみ子の獄中手記の最後の部分を思わせる」（鶴見、四五一頁）。またエッセイの末尾にこうも述べている。「私はここでホワイトヘッドと金子ふみ子と距離をみじかくしたいと思っているのではない。獄内にとどめられ、素手で政府の力とむきあっている金子ふみ子が、長い手記の終りに自分の思想を要約した仕方が、数学研究から出発して哲学にむかい八十年余の生涯を生きたホワイトヘッドと似ている」（鶴見、四五二頁）。

本章では、鶴見の示唆を得た上で、「距離をみじかくしたい」。ホワイトヘッド哲学と金子ふみ子のアナキズムとのつながりを鶴見の思いつき以上のものにし、より接近させることが目的となる。先の章に引き続き、未だ誰もなし得ていないホワイトヘッド哲学のアナキズム的展開でもある。[*113]

＊112　鶴見、四五一頁、金子、二八九頁。本稿では、基本的に金子の文は鈴木裕子編『金子文子　わたしはわたし自身を生きる　手記・調書・年譜』梨の木舎、二〇一三年を参照する。

1　現実における対象的不滅性

第Ⅲ部2章末尾で「感得のための誘因」とは、後続する与件のために当の現実的存在が超体として潜在性の領域に到達していることだと述べた。このことがホワイトヘッドにとって、相対性原理でもあった。こうしたことは当の現実的存在ないし現実的契機が対象的不滅性を有していることでもある。例えるならば、現実の私は未来の私に潜在性としての超体であり、それゆえ対象的にも不滅なのだ。そう考えるならば、現実の私とは、未来の私に抱握される対象だ。ホワイトヘッドは『過程と実在』の序文でこう述べていた。「[…]この関係性は、生者によって死者を我がものすること、つまり、「対象的不滅性」と全面的にかかわるのである」。現実の生きている私は過去の死んだ私を抱握する。この意味で過去の私とは現在の私にとって対象的に不滅である。こう言い換えることができる。この不滅性は可滅性の、死なないことは生きることの源泉となる。だから「世界の創造的前進とは、生成であり消滅であり、そして頑固な事実（stubborn fact）をともに構成している事物の対象的不滅性である」（PR, p. ⅵ - ⅶ）とホワイトヘッドは語っている。この意味で私たちは死なないことと全面的にかかわる。ホワイトヘッドによれば、私たちは死なないことと死ぬことを前提に生きていることになる。むろん、現実には永劫に消え去る。不滅（対象）と可滅（現実）とはいずれも乖離しつつも決して解き難く離れないものだ。鶴見はこうしたホワイトヘッドの哲学について次のように述べている。

ホワイトヘッドによれば、理想型が事実の世界から独立した存在であるという考え方は、西洋哲学のまちがいの主な二つのうちの一つである。この世の今をはなれて不滅のものはない。今の中にあらわれる価値の方向性に今をこえるものがあり、そこに不滅の相を認める（鶴見、四四八頁）。

ここで鶴見がホワイトヘッドを参照しているのは先に述べた「不滅性」の講演でのホワイトヘッドの話である。鶴見の述べる通り、ホワイトヘッドはその講演で彼が述べるところの西洋哲学の二つのあやまりを論じている。一つは理想と現実とがそれぞれ独立に存在している、ということだ（EPS, p.83ff）。抽象的なものであれ具体的なものであれ、それらはそれらだけで存在できてしまう、ということだ（また本書でも触れてきたように、まさに置き違えられた具体性の誤謬でもある）。しかしながらホワイトヘッドにとって不滅性はそれ自体では存続できない。可滅的なこ

＊113　なお、社会思想研究としてのホワイトヘッド哲学を展開したものとして、マルクスの『資本論』における下部構造論との比較研究が近年取り上げられるようにはなっている。例えば、Anne Fairchild Pomeroy, *Marx and Whitehead, Process, Dialectics, and the Critique of Capitalism*, State University of New York Press, 2004. を参照されたい。

とと相関することでやはり不滅なり、滅亡なりが論じられる。このことは、ホワイトヘッドがしばしば通俗的なデカルト主義批判を行なうさいに、デカルト的実体として述べるものである。通俗的デカルト的実体は、ホワイトヘッドによれば「存在するためにそれ自体以外のものを必要としない」(PR, p.59)。しかしそうではなく、ホワイトヘッドにとって、どんな実体であれ、他の実体と関係する。他の具体的なものであれ、他の抽象的なものであれ、関係する。ある事実は他の事実と関係するだけではなく、ある事実の理想や、他の事実の理想とも関わる。現実などなくとも理念は存在し、理念などなくとも現実が存在している、ということはホワイトヘッドにとっては誤りだ。ホワイトヘッドに依拠するならば、死なないことは死ぬことを前提とする。鶴見はここで価値を不滅のものと捉えたうえで議論を進めていく(鶴見、四四八頁以下)。現実における価値は、次の現実への潜在的な価値を有しており、価値は姿をかえども、確実に存在するのである。

そしてもう一つの誤りは専制主義についてである。ホワイトヘッドと鶴見によれば、「よい社会思想が専制を前提とするという考え方」が「まちがい」(鶴見、四四八頁)なのだ(ESP, p.92ff)。どういうことか。まずホワイトヘッドによれば、ヘブライ民族が場当たり的な指導性の非能率さを痛感して国王を求め、そこから社会組織が円滑に運営されるために専制政治が必要であるという無意識的前提が広まってしまったと述べる(ESP,p.93)。そしてこの信仰はいまだに消滅していない、と続ける。つまり、私たちが生きる上で王による国家といった前提が必要不可欠であり、その前提は未だに信じられている、ということだ。次いで、のちのヨーロッパでは中世初期の修道院において王や国家を前提とせずに、神の名の下に信仰共同体が打ち立てられた、とホワイトヘッドは述べる。こうした立場は専制主義とは異なるが故に社会思想の理想として私たちに「悲劇と慈悲と幸福への道をひらく」（鶴見、四四八頁）とホワイトヘッドは述べつつ、それでもやはり神という独立した前提があると述べ疑義を呈していく（ESP, p.93）。加えて、ホワイトヘッドは独立した存在を前提とする例として「一足す一は二である」という文を取り上げていく。こうした文に対して、それぞれ一つのものを付け足したら、それは一つのものになる場合だってありうるとして、「事実、その一文も一語も、それが発せられる環境から独立したものはない」（ESP, p.95）と語る。だから、「思惟の進め方の適正な分析として考えられた論理学はまやかしだ」（ESP, p.96）と述べ、ここから鶴見が思い出したかった言葉、「精密さは、いつわりのものである」という結論でホワイトヘッドはこの講演を終える。

鶴見がホワイトヘッドから読解していったことは、次のようなことであると考えられる。価値は対象であり、永遠であり不滅である。そうした価値は現実の可滅的な私たちのなかでこそみいだすことができ、生み出すことができる。むろん西洋哲学のあやまりとして論じていたように、ホワイトヘッドにとって対象なき現実は存在しないし、現実なき対象は存在しない。言うまでもなく、現実に存在するからこそ、価値が実現するのであり、逆ではない。また専制主義であれ、修道院の共同体であれ、現実に立脚して抽象的な政治や共同体の運営を行なうべきであるにもかかわらず、王、そして神の名の下に政治や共同体の運営がなされることに疑義を呈していた。最後に、論理学的な命題によって真偽を語ることほど、私たちの具体性とかけ離れているものはない。伝統的な論理学にはなかった「任意（any）」という着想もまた浮世離れしているものであり、ホワイトヘッドは別のところで「たんに「任意の」存在などはない」（ESP, p.110）とも述べている。私たちが確認してきたように、言葉とは真偽判断のために存在するのではなく、感得のための誘因なのだ。このように鶴見が取り出したホワイトヘッド哲学の構図はこれまで私たちが確認してきたことでもある。ここから鶴見は「ホワイトヘッドの講演は、今読みかえすと、金子ふみ子の獄中手記の最後の部分を思わせる」と述べて、金子の手記を引く。

まもなく私は、この世から私の存在をかき消されるであろう。しかし一切の現象は現象としては滅しても永遠の実在のなかに存続するものと私は思っている（鶴見、四五一頁、金子、二八九頁）。

金子のこの文言は、ホワイトヘッドの対象的不滅性のように、現実の現象が永劫に消え去ったとしても、やはり金子の思想や営為は私たちが抱握することで永遠に存続するといったことと重なる。鶴見が述べたように、こうした金子とホワイトヘッドの考えは「似ている」。冒頭に述べたように、次節以降、金子とホワイトヘッドの思想をこうした鶴見の示唆を得たうえで、「距離をみじかくしたい」。

2　金子ふみ子のアナキズム

金子はいかにしてこうした考えにたどり着いたのだろうか。金子は裁判の訊問調書で次のように述べている。

私が今、考えて見ても私のこの思想は書物などから来たものではなく、私の心の眼覚めにつれて覚えてこの方自分が体験して来たさまざまの悲しいことや苦しいことが私を駆って、一息に今日の思想に押しあげてしまったようです。つまり私の今のこの思想は他人から植込まれたものではなく、自分自身の体験から生まれたものであるように思います（金子、三三五‐三三六頁）。

金子にとって、彼女の思想形成は彼女の人生そのものから生まれ出たものであるという。彼女が何故こうした思想へと到ったのか、ここでかかわる範囲で彼女の軌跡を辿ってみよう。ここでは、そもそも「似ている」と論じた鶴見と金子自身の記述を中心に考察し、そこから金子がアナキストとして大逆事件に巻き込まれ、そしていかにその思想の故に死を自ら選んだのかみていく。

金子は二三歳でその生涯を閉じるまで（一九〇三年―一九二六年）、いわば波瀾万丈の人生であった。彼女はまず七歳まで無籍者であった。父と母が入籍をせず、父が母の籍に入れ私生児として登録することを許さなかったのだ。それゆえ、小学校にも正式な仕方で入学できず、入学した後にもさまざまな差別やいじめを受けた。後に、金子はこう述べている。

明治の初年、教育令が発布されてから、いかなる草深い田舎にも小学校は建てられ、人の子はすべて、精神的に又肉体的に堪え得ないような欠陥のない限り、男女問わず満七歳の四月から、国家が強制的に義務教育を受けさせた。そして人民はこぞって文明の恩恵に浴した、と。／だが無籍者の私はただその恩恵を文字の上で見せられただけだ。私は草深い田舎に生まれなかった。帝都に近い横浜に住んでいた。私は人の子で、精神的にも肉体的にも別に欠陥はなかった。だのに私は学校に行くことができない（金子、二六頁）。

金子はただ籍がないというだけで学校に入ることができなかった。ここでも述べているように、人の子であり、草深い田舎にも住んでおらず、よほどの欠陥などなかったのにもかかわらず、である。国家体制、それも天皇をトップに立てたある種の専制政治による体制は戸籍制度を設け、その籍を有することがないものは教育の恩恵にすらあずかることができなかった。この点で鶴見はホワイトヘッドと金子とを「似ている」と論じたと思われる。つまり、専制主義は、私たちがいかに学校に行きたいと欲そうとも、私たち現実に生きる民衆と、政治の担い手ないしそれによる抽象的な制度とは乖離しているがゆえに、専制的な政治では何も私たちの問題を解決することはない。

さて金子の人生の軌跡をふたたび追ってみよう。金子は学齢に達した頃は横浜にいたが、後に山梨、浜松、朝鮮の芙江と親戚の家などをたらい回しにさせられ、ありとあらゆるいじめにあう。とはいえ、この間の山梨の北都留郡の山奥で過ごした記憶だけ、アナキストらしからぬ「憧れの国」（金子、五二頁）として描かれる。しかしそれはむろん「国」ではない。「私が本当に自然に親しんだのはこの頃」であり、「おかげで私は村の生活がどんなに理想的で、どんなに健康で、どんな自然であるかということを今日も感じている」（金子、五四頁）。というのも、山に入ってみれば、「そこには近年流行の謂わゆるビタミンを多量に含んだ、そして常食で欠乏している糖分やカロリーのたくさんなあけびだの梨だの栗だのが、素晴らしく豊かにみのっているからである」（金子、五三頁）。ほかにも「子供達が追いまわす他に、誰も殺しはしなかったが、もし狩猟さえすれば多分に食料となるべき野生の動物が、殊に兎が、村のすぐ後の山や、学校往復の途中の林などにはしょっちゅう跳ねまわっていた」（金子、五四頁）。そうであるにもかかわらず、この村は貧しかった。現金収入がないのだ。それも徳川の封建時代、そして今日の文明化された時代において、「田舎は都市のために次第次第に痩せこけて行く」（金子、五四頁）。常に地方は都市に収奪される対象だったのだ。さまざまな物品を田舎で作ろうとも、現金収入を得るために、その物品を都会に売り、また都会でわるい木綿やカンザシを買わされ、「その交換上のアヤで田舎の金を都会にとられて行くのだ」（金子、五四頁）。都会にはない田舎の豊かな自然を金子は享受していた。鶴見もまたこう述べている。「あとになってふみ子は、自分で社会思想の勉強をするようになり、クロポトキンなどの影響もあって、農村の自給自足を強めてゆくことを通して、この都会文明の時代にはない活力を農村がもつことになると考えた」*114（鶴見、八五頁）。

後に金子は東京へ出て、苦学生として生活していた時期がある。新聞配達や日比谷の「社会主義おでん」（なんといい名前の料理屋だ！）という小料理で働きながら、学校に通い勉学に励んでいた。しかしあるとき金子の中で勉学に励むことに対して思いをかえるようになる。金子の言を引こう。

私は今、はっきりとわかった。今の世では、苦学なんかして偉い人間になれる筈はないということを。いやそればかりではない。いうところの偉い人間なんてほどくだらないものはないということを。人々から偉いといわれることに何の値打ちがあろう。私は人のために生きているのではない。私は私自身を真の満足と自由とを得なければならないのではないか。私は私自身でなければならぬ（金子、二七三 - 二七四頁、鶴見、九七頁）。

金子にとって勉学に励み偉い人になったとしても、それは収奪する側の人間になることであった。仮に収奪する側の人間などにならず、社会主義者の偉い人間になったとしても、革命の指導者もまた権力を得る〔鶴見、九七頁〕。だから、偉くなることを辞め、金子は金子自身たらんとするのだ。そしてこう述べる。「私たちはただこれが真の仕事だと思うことをすればよい。それが、そういう仕事をすることが、私たち自身の真の生活である」〔金子、二七六頁〕。勉学にかんしてはホワイトヘッドとは実は考えは異なる。第Ⅳ部1章で少しホワイトヘッドの教育論についてには触れただけであるが、鶴見が述べる通り、ホワイトヘッドは「教育を重く見ており、教育の成果があらわれるような社会を支持した」〔鶴見、四五二頁〕のである。勉学や教育にかんしては金子とホワイトヘッドとは考えが異なるが、しかし具体性を重んじるホワイトヘッド哲学からすれば、自ら満足する生活を人間が送るということ自体はホワイトヘッド哲学とは離れてはない考え方で

＊114　金子と同時代に大杉の伴侶であった伊藤野枝が福岡の「無政府の事実」について語っている。竹中はこう述べている。「ふるさと、――福岡県糸島郡今宿。野枝は語る。〔無政府・共産の理想はとうてい実現することの出来ない、たんなる空想だという非難を私たちは聞いてきた。しかし、それはけっして夢ではなく、祖先から今日まで村々の小さな自治の中にある」〔『無政府の事実』第三次労働運動、大正一〇年一二月―一一年二月〕／これは、伊藤野枝の文章の中で、もっともすぐれた論考である。「小国寡民の自立」、老子のいわゆる桃源の思想・東洋古来のアナキズムを、野枝はおそらくなんの知識もなく〔予断もなく〕、うまれ育った村落共同体の事実において説明している。〔権力も・支配も・命令もない、ただ人々の必要とする相互扶助の精神と自由合意による社会生活〕を、遠い祖たちから村は伝承してきた。帝力ワレニ何ノ関リアランヤ、それは〔中央政府の監督の下にある行政とはまるで別物である〕」〔竹中労『断影　大杉栄』筑摩書房、二〇〇〇年、二八三‐二八四頁〕。

あろう。

この間、金子は社会主義者たちとも交流しつつも次第に離反していった。とはいえ、植民地下での朝鮮人に思いをよせ、三・一独立運動に共感し、在日の朝鮮人活動家たちと運動をともにするようになってもいた。そうしたなかで出会った伴侶、朴烈とともに天皇制と対決していくようになる。金子自身幼いときから社会の底辺で差別やいじめにあったからこそ、「不逞鮮人」と呼ばれた朝鮮人との連帯や天皇制国家との対峙が可能になったとも言われる。*115

そして金子の生を奪う原因にもなった大逆事件である。幸徳秋水ら社会主義者やアナキストが逮捕され、逮捕されたほとんどの人びとが死刑や無期懲役を言い渡された大事件である。大逆事件とはいうまでもなく、捕らえられた彼ら・彼女らが天皇や皇太子、皇后らを狙い危害を加えようとして、しかし何も危害を加えることができなかったのにもかかわらず、検挙された事件である。このとき金子とその伴侶であった朴もまた逮捕され、共に死刑を言い渡される。死刑を言い渡されたものの、天皇からの特赦が下り、無期懲役に変更される。しかし、金子は「その［特赦が書かれた］紙を［市ヶ谷刑務所の］所長の秋山要の見ている前で破りすてた」（鶴見、一〇〇頁）。鶴見の言をみてみよう。

天皇の特赦状を破りすてるということには前例がない。こんなことを発表すれば、天皇を侮蔑するものにたいして恩赦状をあたえるようにはからった政府の責任を追求されて、内閣がたおれるであろうと思ったので、秋山刑務所長はこのことを一九四五年の敗戦後まで、人に隠していたという。／裁判は、朴烈と金子ふみ子が皇太子暗殺の実行計画をもっていたことを立証し得なかった。爆弾とか銃とかがかれらの手もとにあったわけではなく、ましてや何月何日何時に皇太子を暗殺するという手はずができていたわけではない。この意味では、この裁判は朴烈と金子ふみ子の行動をさばいたのではなく、その思想をさばいたのである。思想として朴烈と金子ふみ子は、天皇を否定しており、そのゆえに、自分の否定している天皇が死刑取り消しの赦しを自分にあたえることをふみ子は許さなかった（鶴見、一〇〇頁）。

破り捨てても死刑は無期懲役に変わる。しかもそれは特赦という仕方で。これによって体制側は天皇による寛容さを示そうとしたと考えられる。しかしその後金子は一九二六年七月二六日宇都宮刑務所内で首をくくって自殺した。むろん、金子からすれば、天皇による寛容さを否定せんがためである。

裁判のあいだ、金子は自らの手記を記す。それは裁判史料として提出するものでもあった。先の節の末尾で引用したようにその手記に金子は、「まもなく私は、この世から私の存在をかき消されるであろう。しかし一切の現象は現象としては滅しても永遠の実在のなかに存続するものと

＊115　山田昭次『金子文子　自己・天皇制国家・朝鮮人』影書房、二〇一一年、一〇頁。

私は思っている」と書き、加えてこう閉じている。「私は、今、平静な冷ややかな心でこの粗雑な記録の筆をおく。私の愛するすべてのものの上に祝福あれ！」。

3　ホワイトヘッド哲学からアナキズムへ

鶴見も述べるように、金子はこの手記の中で、自分がどのように反天皇、反社会主義のアナキストになったのかという理論的根拠は述べていない。しかしながら、先にも述べたように、金子の思想は「自分自身の体験から生まれたもの」である。鶴見はこのように述べている。

彼女の生涯を彼女の筆を通してもう一度辿るとき、彼女が日本の社会がどういうものであるかについての彼女なりの理論をもっていたのは明らかだ。日本の国家の内部で無籍者として育った彼女は、日本の国家内におなじように無籍者として生きる朝鮮人に引き寄せられていった。日本の国家が朝鮮人から土地をうばい、言語をうばい、富をうばったその側面から、この日本という国をみることを学んだ。その時、朝鮮人にたいする差別、無籍者にたいする差別をしている政府の頂点に天皇が立っていることを見た。彼女は、天皇制にたいして負けずに無籍者としての自分のつらぬく道をさがし求めた（鶴見、一〇三頁）。

金子にとって、天皇制を否定することは自らをつらぬく道であった。彼女はアナキズムにかんしては大杉やクロポトキンの思想に触れていたのは確かであり、またシュティルナーの影響も少なからず受けてはいる。*116　むろん、社会主義に傾倒しながらも、そこから生み出されるであろう権威に対しても反発していたこと、そして反天皇という国家元首に対する反発があることから、反権威主義や無政府主義という定義をアナキズムに措定するのであれば、彼女をアナキストと名指すのは不正確なことではない。*117　こうしたアナキズム実践者としての金子は、天皇からの特赦を拒み、自ら死を選ぶことによって、つまり彼女の生を賭けて、反天皇を貫いた。その死の間際に、彼女が描いたことがとりわけ鶴見によって「似ている」と考察されていたのであるが、ホワイトヘッド哲学を想起するならば、先にも述べたように、専制主義に疑義を差し挟み、それを抽象的な理念に生きるよりもむしろ、具体的な生活に腰を据えて生きることとしてホワイトヘッド哲学

＊116　何よりも彼女は大杉の自伝を読んでいる。例えば彼女はこう歌っている。「大杉の自伝を読んで憶い出す／幼き頃の／性のざれごと」（金子文子『金子文子歌集』黒色戦線社、一九七六年、一一頁）。またクロポトキンについては朴と翻訳を企てていた（金子、二八六頁）。加えて新山初代に出会い、「スティルネル、アルツィバーセフ、ニイチェ、そうした人々を知ったのもこの時であった」（金子、二七一頁）。

＊117　彼女自身はアナキズムというよりは、自らを「虚無主義」と一九二三年一〇月二五日に行われた第一回被告人訊問調書で述べている（金子、二九三頁）。こうした金子の「虚無主義」ないし「ニヒリズム」について論じたものとして、秋山清『ニヒルとテロル』平凡社、二〇一四年を参照されたい。とはいえ、一九二六年二月二六日に公判調書に添付された書簡では、「……私は多分個人主義的無政府主義者と呼んで差し支えなかろうかと思います」（金子、三五一頁）と書かれている。

を捉えるならば、金子との距離はより「みじかく」なる。そしてそのさい、クロポトキンが金子に与えた影響の一要因にある自給できる農業体制も、先に述べたホワイトヘッド哲学の立場を徹底すれば、より「みじかく」なる。私たちが具体的な生活に腰を据えるならば、食料ですら自分たちで作り食べるという発想が出てくるまでそう遠くはないだろう。そして最後に金子が述べていたように、「まもなく私は、この世から私の存在をかき消されるであろう。しかし一切の現象は現象としては滅しても永遠の実在のなかに存続するものと私は思っている」という文言は、ホワイトヘッド哲学から理解可能である。現実的存在ないし現実的契機は生成し消滅する。消滅すればその現実性の観点では「永劫に消え去る」。しかしそれは永遠的対象や与件として他の現実的存在や現実的契機に抱握されて、「存続する」。

4 おわりに

私たちは鶴見の示唆を得たうえで、まったく意外なつながりをみいだすことができた。驚くべきことに、私たちはここでホワイトヘッドと金子のあいだを「みじかく」してきた。もう一度ホワイトヘッドの文言を引く。

哲学は驚きにはじまる。哲学的思考が最善を尽くして驚きに回答を与えてもなお、やはり驚きは依然としたまま残る。［…］存在とは未来へとどこまでも合流していこうとする活動だ。哲学の向かう先は、活動の超越的な機能に対する活動の盲目具合を見抜くことにある（MT, p.169)。

むろん、ホワイトヘッドと金子の思想は同じものではない。教育に対する考えのように、違いはいくつもある。しかしながら、ホワイトヘッドのこの文言を信じるならば、ホワイトヘッドの哲学と金子の思想とが鶴見を経由して私という現実的存在のなかで合流していこうとするかもしれない。この文言を残したホワイトヘッドは、最晩年といっても良い頃だ。そこでもなお、ホワイトヘッドにとって哲学とは、常に驚き、抽象的な思考だけで一人歩きしてしまうことに釘を刺し、具体的な水準に腰を据えることであった。先の文言に続くホワイトヘッドの言を引く。

> 哲学を利用することは、社会体系を照らし出す根本的な考えについての活動的な新しさを維持することである。受容された思考が活動的ではない平凡な物言いへと堕落してしまうことを一変させてくれるのである。こう言っても良いだろう。哲学とは神秘的である。というのも神秘主義とは、未だ語られていない深みへの直接的洞察であるのだから。むろん哲学の目的は、神秘主義を合理化することである。それも神秘主義から言い逃れることによってではなく、合理的に調整された新たなことばの特徴づけの導きによってだ。
>
> 哲学は詩に似ている。哲学も詩もともに私たちが文明と呼ぶ究極的な良識を表現しようとし

ている。いずれもことばの直の意味を超えた形式への参照である。詩は韻律に、哲学は数学的パターンに結びつく（MT, p. 174）。

私たちが生きる現実には多くの運動がある。運動はそれぞれ活動的に蠢く。その生きた経験を維持するために哲学を使う。そしてさして活動を促すこともないような、抽象的なもの言いなど不問にふしつつ、活動を促していく。それが哲学なのだとホワイトヘッドは述べている。そのとき、哲学は神秘的でもある。現実の具体的で複雑な様は、純粋な理念だけでは捉えきれない。しかしその現実の具体的で複雑な、いわば、神秘的な様を哲学は、純粋な理念を武器にしつつも、複雑で具体的な様に寄り添いながら、じっと思考していくことがホワイトヘッドにとっての哲学なのである。このとき、詩と科学がともに語られることもあるだろう。そこに具体的な経験をみいだしていき、そのなかで哲学によってそっと言葉を与えていく。それが永遠的対象や与件として未来へと呈示されていく。現実と理想が、生きることと死ぬことが、特異な一つの存在・契機・出来事・事物を軸に、永遠に語られ続けていく。これがホワイトヘッドの具体性の形而上学である。

あとがき

本書は大阪大学に提出された博士論文「A・N・ホワイトヘッドにおける具体的なものへ」を基に加筆修正されたものである。基本的には書き下ろしに近いが原型がいくつかある。

第I部2章「蜂起と保守と革命と――ホワイトヘッドと相対性理論」『現代思想』四〇―一号 二〇一二年。

第I部3章「経験の雫――経験論的エピステモロジーを展開するために」『VOL』五号 二〇一一年。

第I部5章「実在を巡って――シャヴィロとハーマン、そしてホワイトヘッドへの批判」『現代思想』四三―一〇号 二〇一五年。

第II部1章「ホワイトヘッド哲学における生成と主体」『年報人間科学』三一号 二〇一〇年。

第II部2章 *"On the prehension――The birth of prehension in Science and the Modern World"*, *Process Thought*, 15, 2012.

第Ⅱ部3章 「具体性の詩と科学——路上の市民計測者」『現代思想』四〇—九号、二〇一二年。
第Ⅳ部1章 「工作者の知恵——ホワイトヘッド、ラトゥール、ステンゲルス」『現代思想』四二—一二号、二〇一四年。
第Ⅳ部3章 「永遠の実在——鶴見による金子とホワイトヘッド」『現代思想』四三—一五号、二〇一五年。

＊ ＊ ＊ ＊ ＊

いつだったか、夢にホワイトヘッドが出てきた。鶴見俊輔さんがホワイトヘッドの講義を聞いていたのとおなじ場面、という設定だ。彼はよたよたのおじいさんであった。そして鶴見さんが記述していたようにゆっくりと優しく講演をしていた。壇上から降りるさいに、「精密さは、いつわりのものである」とは言わず、「君が私の注釈をしてくれているのか、がんばってくれたまえ」と去っていった。夢から覚めて、私はホワイトヘッドに会ったといろいろな人に興奮気味で話した。

はじめてホワイトヘッドの著作をひもといてから一〇年以上は経った。何故ホワイトヘッドの哲学をやろうと決めたのかは定かではない。どんな哲学者でも考えるような、死と生のかかわり、といったような思春期に毛が生えたような問いにホワイトヘッドが答えてくれそうであったからだったと記憶している。一八歳のときに親友が自殺した。それからの問題を引きずっていた気もする。

ドゥルーズで卒論を書こうかなと中沢新一さんに言ったことがある。「そんなもんよりもホワイトヘッドを研究しなさい」。理由はよくわからなかったが、そうか、と納得した。そうこうしているうちに、中村昇さんが大学院の演習でホワイトヘッドの『過程と実在』を読んでいたので、学部生ながら参加させてもらった。やはりそれでもドゥルーズを勉強することも捨てきれない。そんな気持ちで、大学院から檜垣立哉さんのところに向かった。しかしいつもふらふらしていた。そうこうしているうちに、酒井隆史さんに会い、今はなき京都鹿ヶ谷の家にまで住まわせてもらった。彼からは多大な影響を受けた。あるとき、ドゥルーズにもホワイトヘッドにも詳しい人がいるというのを知った。エリー・デューリングさんだ。これはパリに行くしかない。お金はなかったが、日本学術振興会の研究員になれた。これで糞みたいなバイトをしないで研究ができる。パリではデモに行った。さまざまな哲学者像を知った。中東料理やアフリカ料理のうまさに目覚めた。そうこうしているうちにお金がなくなった。東京の実家は狭い。相方が妊娠している。相方の実家に拠点を移すことになった。福岡だ。関西と福岡を行ったり来たりしている。この間、村澤真保呂さんには公私ともに助けてもらっている。小泉義之さんにもお世話になった。気づけば、二児の父だ。相方の父がいなければ、私は生活できていない。この間、私を助けてくれる方々に本当に感謝しています。

そう、多くの人たちに助けてもらっているのだ。せめて非常勤講師くらいはしなければと思い、それに対して、なんとかいろいろ工面してくれる人、広島で船本洲治さんのイベントがあるらしい、行きたい、お金がない、そうすると、交通費をそっと出してくれる人、パパ友・ママ友として子どもともども一緒に遊び、研究会をしてくれる人などなど。とりわけ都市文化研究会、art space tetra、九州アナキズム研究会、中国文芸研究会、下層研究会のみなさんは、この私にいつも知的刺激を与えてくれている。

この本は、はじめに元以文社の前瀬宗佑さんからお誘いがあって、その後、社長の勝股光政さんとともに造本させていただくことになった。『VOL』のときから、大変お世話になっております。

そして最後にふらふらしている私の研究環境を軌道修正してくれるふたりの子どもと、堀尾真理さんに最大限の感謝を。

二〇一五年八月三〇日

森　元　斎

ホワイトヘッド参照文献

＊本文では以下の丸括弧内の略号を用いて、人名——（略記）：書名、出版社、発行年／初出年の順で記す。

Whitehead, Alfred North, ——(IT): *Introduction to Mathematics*, Oxford University Press, 1958/1910（大出訳『数学入門』松籟社、一九八三年）。

——(TRE): 'La theorie relationniste de l'espace', *Revue de métaphysique et de morale*, 23(may 1916)（熊谷訳「相対空間論」『数学入門』松籟社、一九八三年）。

——(PNK): *An Enquiry Concerning The Principles of Natural Knowledge*, Dover Publication inc., 1982/1919（藤川訳『自然認識の諸原理』松籟社、二〇〇〇年）。

——(CN): *The concept of nature*, Prometheus Books, 2004/1920（藤川訳『自然という概念』松籟社、一九八二年）。

——(R): *Principle of relativity*, Barnes & Noble Books, 2005/1922（藤川訳『相対性原理』松籟社、一九九一年）。

——(SMW): *Science and the Modern World*, The Free Press, 1967/1925（上田他訳『科学と近代世界』松籟社、一九九八年）。

——(PR): *Process and Reality; An Essay in Cosmology*, The Free Press, 1978/1929. フランス語訳 D. Charles 他訳, *Procès et réalité*, Gallimard, 1995. ドイツ語訳 H. G. Holl 訳, *Prozeß und Realität*, Suhrkamp Verlag, 1984.（山本訳『過程と実在』（上下）松籟社、一九九八年、（平林訳）『過程と実在』（上下）みすず書房

二〇一二年）。

——(MT): *Modes of Thought*, The Free Press, 1968/1938（藤川他訳『思考の諸様態』松籟社、一九八〇年）。

——(ESP): *Essays in Science and Philosophy*, Greenwood Press, 1968/1947（井上他訳『科学・哲学論集』（上下）松籟社、一九八七年）。

Whitehead and Russell, (PM): *Principia Mathematica*, Cambridge University press, Vol.1, 1993/1910（岡本他訳）『プリンキピア・マテマティカ　序論』哲学書房、一九八八年）。

欧語参照文献

＊人名、その書籍、ともにアルファベット順に記す。人名、（略記）：書名，出版社，発行年の順で記す。

Andler, Dniel., Fagot-Largeault, Anne., Saint-Sernin, Bertrand., *Philosophie des science 1*, Gallimard, 2002.

Band, W., "Dr. A. N. Whitehead's theory of Absolute Acceleration", *Philosophical Magazin*, 7, 1929.

Bergson, Henri., (DS): *Durée et simultanéité*, PUF, 2009.（ベルクソン著、花田他訳『持続と同時性』白水社、二〇〇一年）。

——（Œ）：Œvres, PUF, 2001.

——: *Mélanges*, PUF, 1972.

Capek, Milic., *Bergson and modern physics*, D. Reidel Publishing Company, 1971.

Cassou-Noguès, Pierre., "The Unity of Events: Whitehead and Two Critics, Russell and Bergson", *Southern Journal of Philosophy*, 2005, 43(4) .

——: Le bord de l，expérience, PUF, 2010.

Dagognet, F., *Methodes et doctrine dans l'oeuvre de Pasteur*, Paris, PUF, 1967.

Deleuze, Gills., (DR)：*Différence et répétition* , Minuit, 1968（ドゥルーズ著、財津訳『差異と反復』河出書房新社、二〇〇七年）。

——(ES)：*Empirisme et subjectivité. Essai sur la nature humaine selon Hume*, PUF, 1953（ドゥルーズ著、木田他訳『経験論と主体性』河出書房新社、二〇〇〇年）。

——(IM) : *Cinéma 1: L'image-mouvement* , Minuit, 1983（ドゥルーズ著、財津他訳）『シネマ１　運動イメージ』法政大学出版局、二〇〇八年)。

——(NP) : *Nietzsche et la philosophie*, PUF, 1962（ドゥルーズ著、湯浅訳『ニーチェと哲学』河出書房新社、二〇〇八年)。

——(P): LE PLI, Minuit, 1988（ドゥルーズ著、宇野訳）『襞——ライプニッツとバロック』河出書房新社、一九九八年)。

——: Le bergsonisme, PUF, 1966. ドゥルーズ，ジル——:（宇波訳）『ベルクソンの哲学』法政大学出版局、一九七四年)。

Deleuze, Gills., Guatarri , Félix.,*Qu'est-ce que la philosophy?*, Minuit, 1991（ドゥルーズ、ガタリ著、財津訳『哲学とは何か』河出書房新社、一九九七年)。

Desmet, Ronald., "Did Whitehead and Einstein actually meet?", *Researching with Whitehead: System and Adventure*, eds. Franz Riffert and Hans-Joachim Sander, Verlag Karl Alber, 2008.

Rick Dolphijn, Rick., Van Der Tuin, Iris.,*New Materialism: Interviews & Cartographies*, OPEN HUMANITIES PRESS, 2012.

Durand, Guillaume., *Des événements aux objets, La méthod de l'abstraction extensive chez A. N. Whitehead*, Ontos/ Verlag, 2006.

——: "Whitehead et Russell: la discorde de 1917",*NOESIS*, 13,Vrin, 2008.

During, Elie., "Philosophical twins ? Bergson and Whitehead on Langevin's Paradox and the Meaning of "Space-Time", in *Les Principes de la connaissance naturelle d'Alfred North Whitehead - Alfred North Whitehead's Principles of Natural Knowledge*, G. Durand & M. Weber (dir.), Frankfurt / Lancaster, Ontos Verlag, 2007.

——: "Durations and Simultaneities : temporal perspectives and relativistic time in Whitehead and Bergson ", in *Handbook of Whiteheadian Process Thought*, Michel Weber (dir.), vol. 2, Frankfurt / Lancaster, Ontos

Verlag, 2008.（デューリング著、森・檜垣訳「持続と同時性——ホワイトヘッドとベルクソンにおける時間的パースペクティヴと相対論的時間」『思想』岩波書店、二〇〇九年一二月号）。

Eddington, A. S., "A Comparison of Whitehead's and Einstein's Formulae", Nature, 113, 1924.

Einstein, Albert.,"Zur Elektrodynamik bewegter Körper", *Ann. Der Phys. 17*, 1905.

Faber, Roland.,"The Infinite Movement of Evanescence: The Pythagorean Puzzle in Deleuze, Whitehead, and Plato." *American Journal of Theology and Philosophy* 21, no.2 (May 2000).

——: "O bitches of impossibility! Programmatic Dysfunction in the Chaosmos of Deleuze and Whitehead", ***DELEUZE, WHITEHEAD, BERGSON***, sous la direction de Keith Robinson (Macmillan, 2009).

Ford, L. S.,(IO): "Inclusive Ocassions", *Process in Context* (E. Wolf-Gazo, ed), Peter Lang, 1988.

——: "Panpsychism and the Early History of Prehension" *Process Studies 24*, 1995.

——: "Structural Affinities Between Kant and Whitehead." *International Philosophical Quarterly* 38, no. 3.ed. P. A. Shlipp, Tuder publishing inc., 1998.

——(EWM): *The Emergence of Whitehea's Metaphysics*, Suny Press, 1984.

Grattan-Guinness, I., *The Search for Mathematical Roots 1870-1940*, Princeton University Press, 2000.

Grünbaum, Adolf.,*Philosophical Problems of Space and Time, Alfred A.* Knopf, inc.,1963.

Latour, Bruno., (L): "Les objets ont-ils une histoire? Rencontre de Pasteur et de Whitehead dans un bain d'acide lactique", L'effet Whitehead, Vrin, 1994.

Hansen, Niels Viggo.,"Spacetime and Becoming:Overcoming the Contradiction Between Special Relativity and the Passage of Time", *Physics and Whitehead Quantum, Process, and Experience*, edited by Timothy E. Eastman and Hank Keeton, State University of New York Press, 2003.

Harman, Graham., *Guerrilla Metaphysics: Phenomenology and the Carpentry of Things*, Open Court, 2005

——: *Prince of Networks : Bruno Latour and Metaphysics*, re:press, 2009.

——: *The Quadruple Object*, Zero Books, 2011.

——(G):"Response to Shaviro", Levi Bryant, Nick Srnicek and Graham Harman ed, *The Speculative Turn*, re:press, 2011.

Herstein, G. L., *Whitehead and the Mesurement Problem of Cosmology*, Ontos/Verlag, 2005.

Hartshorne, Charles., *Whitehead's Philosophy, Selected Essays, 1935-1970*, the University of Nebraska Press, 1972.

Leibniz, G. W., (M): *Die philosophischen Schriften*, Hrgs. V. C. I. Gerhardt（『ライプニッツ著作集』工作社、一九八八－一九九五年）。

Lowe, Victor., *Alfred North Whitehead The Man and His Work Volume1,2,3*, The John Hopkins University Press, 1990.

Meillassoux, Quentin., *Après la finitude, Essai sur la necessité de la contingence*, Seuil, 2006.

Merleau-Ponty, Maurice., *La Nature, Notes Cours du Collège de France*, Seuil. 1995.

Montebello, Pierre.,*Deleuze*, Vrin, 2008.

Mori, Motonao.,"On the prehension—The birth of prehension in *Science and the Modern World*", *Process Thought*, 15, 2012.

——: "Expérience et Sujet, la philosophie de Whitehead et de Deleuze, la diffrenece entre ells", *Annals of HUMAN SCIENCES*, 32, 2011.

Saint-Sernin, Bertrand., *Whitehead, Un univers en essai*, Vrin, 2000.

——: "Y a-t-il place, aujourd、hui, pour une philosophie de la nature?" *Bulletin de la société française de Philosophie*, 1999.

Palter, R. M.,*Whitehead's Philosophy of Science*, The Chicago University Press, 1960.

Pomeroy, Anne Fairchild., *Marx and Whitehead, Process, Dialectics, and the Critique of Capitalism*, State

University of New York Press, 2004.
Poinat, Sebastien., "Whitehead et les peres fondateurs de la mecanique quantique", *NOESIS*, 2008.
Poincaré, H., *La Science et l'Hypothèse*, Flammarion, 1925（ポアンカレ著、河野訳『科学と仮説』岩波書店、一九五三年）。
Prigogine, I., Stengers, I., *La nouvelle alliance*, Gallimard, 1986（プリコジン、スタンジェール著、伏見他訳『混沌からの秩序』みすず書房、一九八七年）。
Rayner, C. B., 'The Apprication of the Whitehead Theory of Relativity to Nonstatic Spherically Symmetrical Systems', *Proceedings of the Royal Society of London*, 222 1954
Robinson, Keith., edit――: ***DELEUZE, WHITEHEAD, BERGSON***, sous la direction de Keith Robinson, Macmillan, 2009.
Russell, Bertrand., (A): *Autobiography*, Routledge, 1998.
――(MPD): *My Philosophical Developement*, Spokesman, 2007（ラッセル著、野田訳『私の哲学の発展』みすず書房、一九九七年）。
――(OKEWa): *Our Knowledge of the External World As a field for scientific method in philosophy*, Kessinger Publishing, 1914.
――(OKEWb): *Our Knowledge of the External World As a field for scientific method in philosophy*, Routledge, 1993（ラッセル著、山本訳「外部世界はいかにして知られうるか」『世界の名著　ラッセル・ウィトゲンシュタイン・ホワイトヘッド』中央公論新社、一九八〇年）。
――(PP): *The Problems of Philosophy*, Williams and Norgate, 1912.
――(PMO): *Portraits from Memory and Other essays*, Spokesman, 1995（ラッセル著、中村訳）『自伝的　回想』みすず書房、二〇〇二年）。
SCHLIPP, P. A., *The philosophy of Rudolf Carnap*, Cambridge University Press, 1963.

Simons, Peter.,"Whitehead and Mereology", *Les principes de la connaissance naturelled'Alfred North Whitehead*, Ontos/Verlag, 2007.

Shaviro, Steven., *Without Criteria Kant, Whitehead, Deleuze, and Aesthetics*, MITpress, 2009.

——:"The Actual Volcano: Whitehead, Harman, and the Problem of Relations", Levi Bryant, Nick Srnicek and Graham Harman ed, *The Speculative Turn*, re:press, 2011.

——: *The Universe of Things: On specurative realisim*, Minesota University Press, 2014.

Sing, J. L., *Relativity Theory of A. N. Whitehead*, University of Maryland, 1951.

Souriau, Étienne., *Les différents mode d'existence*, PUF, 1943, p.157.

Stapp, Henry P., "Whiteheadian Process and Quantum Theory", *Physics and Whitehead Quantum, Process, and Experience* edited by Timothy E. Eastman and Hank Keeton, State University of New York Press, 2003.

Stengers, Isabelle., *L'effet Whitehead*, Vrin, 1994.

——: *Penser avec Whitehead Une libre et sauvage création de concepts*, Le Seuil, 2002.

——(SP) : *Science et Pouvoirs Faut-il en avoir peur*, LABOR,1997（スタンジェール著、吉谷訳『科学と権力——先端科学技術をまえにした民主主義』松籟社、一九九九年）。

——(ASP) : *Une autre science est possible! Manifeste pour un relantissement des science*, La découverte, 2013.

Tanaka, Yutaka., "Dialogue for Part Ⅲ ", *Physics and Whitehead Quantum, Process, and Experience* edited by Timothy E. Eastman and Hank Keeton, State University of New York Press, 2003.

Timmermans, Benoît., éd *Perspective Leibniz, Whitehead, Deleuze*, Vrin, 2006.

Verler, Xavier.,*La philosophie spéculative de Whitehead*, Ontos / Verlag, 2007.

Wahl, Jean.,(VC): *Vers le Concret, études d'histoire de la philosophie contemporaine, Willam James, Whitehead*, Gabriel Marcel, Vrin, 2004（ヴァール著、水野訳『具体的なものへ』月曜社、二〇一〇年）。

Wallack, F. B.,(ENP) : *The Epocal Nature of Process in Whitehead's Metaphysics*, State University of New York

Press, 1980.
Will, C. M.,"Relativistic Gravity in the Solar System, II ", *Astrophysical Journal*, 169, 1971.
——: "Einstein on the Firing Line", *Physics Today*, 25, 1972.
Wilmot, Laurence F.,*Whitehead and God*, Wilfrid Laurier University Press, 1979.

邦語参照文献

＊五十音順で記す。

アインシュタイン著、矢野訳『相対性理論の意味』岩波書店、一九五八年。

――金子訳『わが相対性理論』白揚社、一九七三年。

秋山清『ニヒルとテロル』平凡社、二〇一四年。

浅田彰『映画の世紀末』新潮社、二〇〇〇年。

石原他『目でみる生物学』培風館、二〇〇〇年。

石牟礼道子『海霊の宮　石牟礼道子の世界』藤原書店、二〇〇六年。

大杉栄（大杉1～14）：『大杉栄全集』現代思潮社、一九六三―一九六五年。

内井惣七『アインシュタインの思考をたどる　時空の哲学入門』ミネルヴァ書房、二〇〇四年。

加藤尚武『災害論』世界思想社、二〇一一年。

――『バイオエシックスとは何か』未来社、一九八六年。

金子文子『金子文子歌集』黒色戦線社、一九七六年。

――（金子）鈴木裕子編『金子文子　わたしはわたし自身を生きる　手記・調書・年譜』梨の木舎、二〇一三年。

川村久美子「訳者解題　普遍主義がもたらす危機」『虚構の近代』（ブルーノ・ラトゥール著（川村訳）、新評論、二〇〇八年。

カンギレム著、杉山訳『生命科学の歴史』法政大学出版局、二〇〇六年。

栗原康「わたしはビールが好きだ――鶴見済『脱資本主義宣言』を読む」『図書新聞』二〇一二年一〇月六日号。

――『大杉栄伝　永遠のアナキズム』夜光社、二〇一三年。

郡司ペギオ幸夫「ただ流れる時間へ」『ドゥルーズ／ガタリの現在』平凡社、二〇〇八年。

高村夏輝『ラッセルの哲学』勁草書房、二〇一三年。

竹中労『断影　大杉栄』筑摩書房、二〇〇〇年。

田中裕『ホワイトヘッド』講談社、一九九八年。

――「量子論の世界――プロセス哲学からの考察」『プロセス思想研究』（遠藤弘編著）南窓社、一九九九年。

谷川雁「定型の超克」『民主主義の神話』現代思潮社、一九六六年。

鶴見俊輔（鶴見）（黒川編）『思想をつむぐ人たち　鶴見俊輔コレクションⅠ』河出書房新社、二〇一二年。

中沢新一『緑の資本論』ちくま学芸文庫、二〇〇九年。

中村昇『ホワイトヘッドの哲学』講談社、二〇〇七年。

野澤聡「「二つの文化」を超えて　科学的視点から」『アステイオン』阪急コミュニケーションズ、七八号、二〇一三年。

バシュラール著、森訳「相対論概念の哲学的弁証法」『VOL05 エピステモロジー』以文社、二〇一一年。

檜垣立哉「第三の時間について」『思想』岩波書店、二〇〇七年二月。

土方巽『土方巽全集Ⅰ』河出書房新社、二〇〇五年。

フランク著、矢野健太郎訳「アインシュタインに対する反対運動」『評伝アインシュタイン』岩波現代文庫、二〇〇五年。

宮沢賢治「春と修羅」『宮沢賢治全集Ⅰ』ちくま文庫、二〇一三年。

山内志郎『誤読の哲学』青土社、二〇一三年。

山田昭次『金子文子　自己・天皇制国家・朝鮮人』影書房、一九九六年。

森元斎「悶え加勢すること」『道の手帖　石牟礼道子』河出書房新社、二〇一三年。

森崎和江「女のことば――その開拓の方向について」『無名通信』第一九号、一九六一年。

渡辺慧『時』河出書房新社、一九七四年。

著者紹介

森元斎（もり　もとなお）
九州産業大学・龍谷大学非常勤講師．専攻：哲学，思想史．
1983年東京生まれ．中央大学文学部卒業，大阪大学大学院人間科学研究科博士課程修了．博士（人間科学）．
共著に『VOL05　エピステモロジー』（以文社，2011年），『被曝社会年報』（新評論，2013年），共訳書に『ギリシア　デフォルト宣言』（河出書房新社，2015年）など．

具体性の哲学
ホワイトヘッドの知恵・生命・社会への思考

2015年11月15日　初版第1刷発行

著　者　森　元　斎

発行者　勝股光政

発行所　以　文　社

〒101-0051 東京都千代田区神田神保町 2-12
TEL 03-6272-6536　FAX 03-6272-6538
http://www.ibunsha.co.jp/
印刷・製本：シナノ書籍印刷

ISBN978-4-7531-0328-7

——既刊書より

国家とはなにか

国家が存在し，活動する固有の原理とはなにか？　既成の国家観を根底から覆し，歴史を貫くパースペクティヴを開示する暴力の歴史の哲学．新進気鋭の思想家による書き下ろし．
萱野稔人 著　四六判・296頁　本体価格2600円

戦後日本の社会思想史——近代化と「市民社会」の変遷

戦後70年の歴史を「自由な市民がどのように社会と折り合いをつけて生きるか？」というテーマをめぐる社会認識の歴史として描き，戦後日本の近代化の意味を問う快心の力作．
小野寺研太 著　四六判・352頁　本体価格3400円

全-生活論——転形期の公共空間

私たちは，なぜ自らの〈痛み〉を言葉にすることをやめてしまったのか？　新進気鋭の思想家が，自身の感覚を研ぎ澄まし，「生活の哲学」の蘇生に賭けた，渾身の書下ろし．
篠原雅武 著　四六判・232頁　本体価格2400円

経済的思考の転回——世紀転換期の統治と科学をめぐる知の系譜

19世紀後半以降の〈熱力学〉に進展は，ニュートン力学を基礎とする抜本的な変革を迫った．この影響を真正面から受け止めたO・ノイラートの経済思想の思想圏と経済理論の変遷．
桑田 学 著　四六判・320頁　本体価格3000円

空間のために——遍在化するスラム的世界のなかで

「商店街のシャッター通り化」に象徴される生活世界のスラム化は，貧困国に特有の局所的現象ではない．グローバル資本に包摂された空間から生活の質感を提示できる空間論へ．
篠原雅武 著　四六判・222頁 本体価格2200円

フロイトの情熱——精神分析運動と芸術

精神分析の究極の構造が「反復」にある．「情熱」とは「パトス」であり，「病」であり，反復の力によって精神がのっとられていることを意味し，「反復」こそ「情熱」である．
比嘉徹徳 著　四六判・272頁　本体価格3000円